Documento de Trabajo
Serie Política de la Competencia y Regulación
Número 70/2025

Derecho de la competencia y tutela colectiva de los derechos de los consumidores y usuarios

Pedro Sánchez-Rivera
Doctor en Derecho
Profesor Adjunto de Derecho Procesal
Universidad San Pablo-CEU, CEU Universities

El Real Instituto Universitario de Estudios Europeos de la Universidad CEU San Pablo, Centro Europeo de Excelencia Jean Monnet, es un centro de investigación especializado en la integración europea y otros aspectos de las relaciones internacionales.

Los documentos de trabajo dan a conocer los proyectos de investigación originales realizados por los investigadores asociados del Instituto Universitario en los ámbitos histórico-cultural, jurídico-político y socioeconómico de la Unión Europea.

Las opiniones y juicios de los autores no son necesariamente compartidos por el Real Instituto Universitario de Estudios Europeos.

Los documentos de trabajo están también disponibles en: www.idee.ceu.es

I+D+i Jueces y Derecho de la Competencia

PID2020-115314GB-I00 financiado por MCIU/AEI/10.13039/501100011033

Serie *Política de la Competencia y Regulación* de documentos de trabajo del Real Instituto Universitario

Derecho de la competencia y tutela colectiva de los derechos de los consumidores y usuarios

The European Commission's support for the production of this publication does not constitute an endorsement of the contents, which reflect the views only of the authors, and the Commission cannot be held responsible for any use which may be made of the information contained therein.

CEU *Ediciones*
Julián Romea 18, 28003 Madrid
Teléfono: 91 514 05 73
Correo electrónico: ceuediciones@ceu.es
www.ceuediciones.es

Real Instituto Universitario de Estudios Europeos
Avda. del Valle 21, 28003 Madrid
www.idee.ceu.es

ISBN: 979-13-87860-05-9
Depósito legal: M-17281-2025

Maquetación: CEU *Ediciones*

Índice

1. Introducción

La tutela colectiva de los derechos tiene un ámbito amplio. Así pues, se podría utilizar en el campo del medio ambiente, de la defensa de la competencia y en la protección de datos personales, entre otros, pero hemos de resaltar que en la regulación de la Unión Europea esta tutela se ha centrado en el ámbito del consumo[1].

Podemos recordar las siguientes directivas sobre la tutela colectiva de consumidores y usuarios: Directiva 98 /27 CE del Parlamento Europeo y del Consejo de 19 de mayo 1998, relativo a las acciones de cesación en materia de protección de los intereses de los consumidores. Posteriormente, se dictó una nueva Directiva sobre la materia, la 2009/22 CE del Parlamento Europeo y del Consejo, de 23 de abril del 2009, relativa a las acciones de cesación en materia de protección de los intereses de los consumidores. Esta última fue derogada por la actualmente vigente y que debe ser transpuesta todavía por España. Esta Directiva es la 2020/1828 del Parlamento Europeo y del Consejo de 25 de noviembre de 2020, relativa a las acciones de representación para la protección de los intereses colectivos de los consumidores (en adelante la Directiva).

En el presente trabajo, nos vamos a centrar en esta última Directiva, la 2020/1828. Haremos un estudio de sus puntos fundamentales y estudiaremos el Proyecto de Ley que se está tramitando actualmente para trasponerla al derecho español. Realmente, debería haber sido realizado antes del 26 de diciembre de 2022, pero no se llevó a cabo, aunque ha habido varios intentos de tramitar una ley a estos efectos.

Podemos destacar tres de ellos, de los cuales, el último está ahora mismo en fase de tramitación parlamentaria.

El primero fue el "Anteproyecto de Ley de acciones de representación para la protección de los intereses colectivos de los consumidores". Se publicó el 9 de enero de 2023, pero quedó en nada tras la convocatoria de elecciones y el fin de la legislatura en julio de 2023.

El segundo intento fue publicado el 22 de marzo de 2024 como "Proyecto de Ley Orgánica de medidas en materia de eficiencia del Servicio Público de Justicia y de acciones colectivas para la protección y defensa de los derechos e intereses de los consumidores y usuarios". Durante la tramitación se decidió seguir sólo con el bloque relativo a la eficiencia del Servicio Público de Justicia y abandonar el relativo a las acciones colectivas. El motivo principal de la retirada residió en el desacuerdo en el modelo previsto para el sistema de vinculación por defecto o desvinculación expresa (opt-out)[2]. Este sistema de vinculación es el que parece que se va a mantener en el actual Proyecto de Ley y, por tanto, más adelante explicaremos sus pros y contras. Finalmente se aprobó la Ley Orgánica 1/2025, de 2 de enero, de medidas en materia de eficiencia del Servicio Público de Justicia, como hemos dicho, ya sin la regulación relativa a las acciones colectivas.

Por último, llegamos al Proyecto de Ley que actualmente se está tramitando en el Congreso. Así el "Proyecto de Ley de acciones colectivas para la protección y defensa de los derechos e intereses de los consumidores y usuarios", que fue publicado el 14 de marzo de 2025 (en adelante Proyecto de Ley). No difiere en gran medida de los anteriores intentos a los que nos hemos referido. Es verdad, que en la terminología se ha pasado del término acciones de

---

1   GASCÓN INCAHUSTI, Fernando, ¿HACIA UN MODELO EUROPEO DE TUTELA COLECTIVA? *Cuadernos de Derecho Transnacional*, (octubre 2020), Vol. 12, N° 2, pág. 1291.

2   ARIZA COLMENAREJO, M.ª Jesús, La opción por el procedimiento con pronunciamientos sucesivos de las futuras acciones colectivas (1), *Actualidad Civil*, n° 2, Febrero de 2025, Editorial LA LEY, pág. 6.

representación, que es la forma en la que se nombra a ese tipo de acciones en la Directiva 2020/1828, al término acciones colectivas, que creemos más cercano a la terminología utilizada usualmente por la doctrina[3].

En el presente trabajo estudiaremos la Directiva 2020/1828, y el Proyecto de Ley qué va a trasponerla a nuestra legislación. Para enmarcar este trabajo, tenemos que tener en cuenta el ámbito de cada una de estas normas.

La Directiva se circunscribe a las acciones de representación por vulneración de normas de consumo. Esto determina, que no se refiere de forma directa a la vulneración de normas sobre Derecho de la competencia. Así, en el artículo 1, apartado segundo hace referencia a la vulneración de normas sobre consumo en el ámbito comunitario remitiéndose a un anexo I, dónde se realiza una enumeración de normas comunitarias que afectan a esta materia. Sin perjuicio de que la enumeración de este anexo pueda ser modificada, y en su caso, ampliada, no aparece mención a normas que directamente se refieran a Derecho de la competencia. Por tanto, no parece que la Directiva prevea la posibilidad de acciones colectivas en materia de Derecho de la competencia, salvo desde una perspectiva indirecta, una vez que la infracción de normas de Derecho de la Competencia, a su vez vulneren normas de Derecho de Consumo que afecten a consumidores y usuarios. No obstante, como iremos explicando a lo largo del trabajo, la Directiva sólo se ocupa de regular unos mínimos que tendrán que ser incorporados necesariamente a la regulación de los Estados miembros.

La regulación de mínimos que realiza la Directiva deja mucho margen para que cada Estado pueda regular diversos problemas de las acciones colectivas que tutelan derechos de los consumidores, como mejor se adapte a su tradición, y a su ordenamiento jurídico interno. Así pues, El Proyecto de Ley de acciones colectivas, no parece que se circunscriba únicamente a infracciones de normas de consumo al decir el artículo 828 párrafo primero: "*Las disposiciones de este título serán aplicables a los procesos en que se ejerciten acciones colectivas frente a conductas de empresarios o profesionales que infrinjan los derechos e intereses de los consumidores y usuarios*".

Por tanto, según el citado artículo, se estaría incluyendo dentro del ámbito de las acciones colectivas reguladas en el Proyecto, todos los actos procedentes de conductas de empresarios o profesionales que infrinjan los derechos e intereses de los consumidores.

Por esta razón, si se aprobara este Proyecto, nuestra legislación sí estaría incluyendo todos los actos de empresarios que vulnerando normas de Derecho de la competencia infrinjan derechos e intereses de los consumidores y usuarios.

---

3   Explica el término acción colectiva ARMENTA DEU, Teresa, La tutela colectiva en la Administración de Justicia (análisis comparado y perspectivas de futuro en Europa), *La administración de Justicia en España y en América*, libro amicorun a José Martín Ostos, edit. ASTIGI, Sevilla 2021, pág. 122. No obstante, también podemos encontrar doctrina que defiende que se utilice el término acciones de representación y proceso de representación como hace la Directiva 2020/1828, como: GARNICA MARTÍN, Jan Francisco, FERRERES CONELLA, Alejandro, DÍEZ-PICAZO GIMÉNEZ, Ignacio y AGUILERA MORALES, Marien, Algunas ideas sobre la transposición de la directiva 2020/1828 relativa a las acciones de representación para la protección de los intereses colectivos de los consumidores, *Diario La Ley*, nº 9938, Sección Doctrina, 22 de octubre de 2021, Wolters Kluwer, pág. 2.

Capítulo I. Aspectos principales de la Directiva 2020/1828

La Directiva 2020/1828, no regula un procedimiento pormenorizado con los pasos necesarios para ejercitar una acción colectiva. Lo que hace es dar una regulación de mínimos que deberán incluir en su regulación los Estados miembros. Además, no pretende sustituir los mecanismos procesales nacionales para proteger los intereses colectivos e individuales de los consumidores. Se pueden tener diferentes cauces de protección, siempre que en alguno de ellos se incorporen los criterios mínimos que introduce la Directiva. Será la entidad habilitada la que podrá elegir qué mecanismo procesal utilizar[4].

1. Sujetos

La Directiva se centra en la protección colectiva de los derechos de los consumidores y usuarios, entendiendo siempre el término consumidor como persona física. De tal forma, si fue una persona jurídica la que vio sus derechos perjudicados al relacionarse con un comerciante o empresario no estará amparada por esta Directiva. Por ejemplo, si una empresa que se dedica a la alimentación compra ordenadores para sus empleados a IBM, no estará amparada, y no podrá ser parte de una acción colectiva que pudiera iniciar una entidad habilitada, contra la empresa que le vendió los ordenadores por los perjuicios que se pudieran haber producido a los consumidores que compraron el mismo tipo de ordenadores.

Tampoco estarán incluidas en la protección de la Directiva las personas físicas consideradas empresarios en ella[5].

Teniendo en cuenta lo anterior, en caso de infracción de las normas de Derecho de la Competencia por la actuación de un cártel, no estarían incluidos en la tutela colectiva de esta Directiva aquellos competidores que se pudieran haber visto agraviados por la actuación de ese cártel y fueran, por tanto, empresarios tanto si son personas jurídicas, como si son personas físicas.

En cuanto a los sujetos que pueden ejercer la acción de representación, la Directiva se refiere a ellos como, entidades habilitadas, que son objeto de regulación en su artículo cuatro. Este control público de la legitimación para ejercer acciones de representación ya se preveía en las anteriores Directiva de 1998 y 2009, aunque circunscrita a acciones de carácter cesatorio e inhibitorio[6].

Por tanto, no podrán promover acciones de representación personas física a título individual. Tampoco podrán personas jurídicas que no reúnan los requisitos que ha establecido el legislador nacional y, en acciones transfronterizas, la Directiva.

Así, el considerando 26 de la Directiva distingue entre acciones de representación nacionales y transfronterizas. El artículo tres de la Directiva define lo que debe entenderse por una y otro tipo. Así será una acción de representación nacional aquellas ejercitadas por una entidad habilitada en el Estado miembro en el que dicha entidad haya sido designada. Se entenderá por acción de representación transfronteriza, aquélla ejercitada por una entidad habilitada en un Estado miembro distinto del Estado miembro en el que dicha entidad habilitada hubiera sido designada.

---

4   Directiva 2020/1828, UE del Parlamento Europeo y del Consejo de 25 de noviembre de 2020, relativa a las acciones de representación para la protección de los intereses colectivos de los consumidores (DO L 409 de 4.12.2020, p. 2). En su considerando 11 dispone:
().....debe quedar a criterio de los Estados miembros integrar el mecanismo procesal para las acciones de representación que se exige en la presente Directiva como un elemento de un mecanismo procesal existente para la obtención de medidas colectivas de cesación o resarcitorias, o como un elemento de un nuevo mecanismo procesal para la obtención de esas medidas, o como un mecanismo procesal distinto, siempre que al menos un mecanismo procesal nacional para las acciones de representación cumpla lo dispuesto en la presente Directiva".

5   Directiva 2020/1828, UE del Parlamento Europeo y del Consejo de 25 de noviembre de 2020, relativa a las acciones de representación para la protección de los intereses colectivos de los consumidores (DO L 409 de 4.12.2020, p. 2). En su considerando 14 dispone:
"Las infracciones que perjudiquen a las personas físicas consideradas empresarios con arreglo a la presente Directiva no deben incluirse en su ámbito de aplicación".
También tengamos en cuenta que el artículo 3 de la Directiva 2020/1828, UE, incorpora definiciones legales de:
    –   *"Consumidor": toda persona física que actúe con fines ajenos a su propia actividad comercial, negocio, oficio o profesión;*
    –   *"Empresario": toda persona física o persona jurídica, ya sea privada o pública, que actúe, incluso a través entre otra persona que actúe en nombre o en representación de aquella, con fines relacionados con su propia actividad comercial, empresarial, ofició o precisión.*

6   GASCÓN INCAHUSTI, Fernando, *op., cit.,* pág. 1299.

Para ejercitar acciones de representación de ámbito nacional, serán los Estados miembros los que establecerán libremente, de acuerdo con su Derecho nacional los criterios para designar a las entidades habilitadas. Para promover acciones transfronterizas también se permite por la Directiva, que sean los Estados miembros los que determinan los criterios para designar a las entidades habilitadas, pero, en este supuesto, tendrán que recoger, además, los requisitos que se prevén en el mencionado artículo cuatro.

Los requisitos para designar a entidades habilitadas para poder ejercitar acciones transfronterizas serán:

a) Ser una persona jurídica constituida de acuerdo con el Derecho nacional del Estado miembro que le va a designar como entidad habilitada. La entidad tendrá que justificar que ha desempeñado de manera efectiva y pública una actividad durante doce meses en el ámbito de la protección de los intereses de los consumidores antes de su solicitud de designación.

b) Demostrar que en sus estatutos tiene un interés legítimo en proteger los intereses de los consumidores.

c) Debe ser una entidad sin ánimo de lucro.

d) No puede estar incursa en un procedimiento de insolvencia ni estar declarada insolvente.

e) Debe ser independiente. Lo que supone que no debe estar influida por sujetos distintos de los consumidores cuyos intereses protege. Por tanto, no debe estar influida por empresarios que tengan un interés económico en el ejercicio de cualquier acción de representación. En el caso de utilizar financiación por terceros, tendrá que establecer procedimientos para evitar su influencia, así como evitar conflictos de interés entre la entidad, sus financiadores y los intereses de los consumidores.

f) Debe darse publicidad en términos claros y comprensibles, por cualquier medio adecuado, en particular en su sitio web, información que demuestre que la entidad cumple los criterios mencionados en las letras a) a e) del apartado tres del artículo cuatro. Además, debe dar información sobre las fuentes de su financiación en general, su estructura organizativa, su gestión y composición, su finalidad estatuaria y sus actividades.

Los Estados miembros tendrán que comunicar a la Comisión las entidades habilitadas para ejercer acciones transfronterizas. La comisión creará y mantendrá una base de datos electrónica

Para facilitar información sobre las entidades habilitadas designadas para ejercer acciones de representación nacionales y transfronterizas, los Estados miembros podrán utilizar bases de datos electrónicos nacionales de acceso público a través de sitios web.

También la Comisión creará y mantendrá una base de datos electrónica donde se compilará y publicará la lista de entidades habilitadas que los Estados miembros han designado para ejercitar acciones de representación transfronteriza, y previamente han comunicado a la Comisión.

Los Estados miembros evaluarán al menos cada cinco años que las entidades habilitadas cumplen los requisitos que hemos apuntado más arriba del artículo cuatro de la Directiva para el ejercicio de acciones de representación.

2. Tutelas que se pueden solicitar: medidas de cesación y medidas resarcitorias

Dentro de las tutelas que se pueden solicitar a través de una acción de representación en la Directiva podemos distinguir dos medidas de cesación y medidas resarcitorias.

a) Medidas de cesación: que son las que tienen mayor tradición en la tutela colectiva que regula las normas de la Unión Europea. La cesación era la tutela en la que se centraba la ahora derogada Directiva 2009/22/CE del Parlamento Europeo y del consejo de 23 de abril de 2009, relativa a las acciones de cesación en materia de protección de los intereses de los consumidores.

En la Directiva 2020/1828, que estamos comentando, se prevé que dentro de la tutela que se puede solicitar según el artículo 7, de la mencionada Directiva, podemos distinguir entre medidas provisionales y medidas definitivas. Las primeras se podrían conseguir en nuestro derecho a través de la petición de medidas cautelares y las segundas se obtendrían a través de una resolución definitiva que condene a un no hacer[7].

Las medidas de cesación también se pueden pedir respecto de acciones que ya hayan cesado, pero sigue siendo necesario la declaración para facilitar su seguimiento[8] y a las que se refiere el art 2.1 de la Directiva. En estas acciones el consumidor no está obligado a manifestar su voluntad de estar representando por entidad habilitada y ésta no tendrá que demostrar la pérdida, daño o perjuicio efectivo de los consumidores, ni el dolo o negligencia del empresario, como dispone el art. 8 apartado 3.

b) **Medidas resarcitorias:** que van encaminadas a exigir de los empresarios que proporcionen a los consumidores afectados la indemnización, la reparación, la sustitución, la reducción del precio, la resolución del contrato o el reembolso del precio pagado.

En lo relativo a esta tutela resarcitoria, la Unión Europea ha tardado en abrir el cauce para poder solicitarla a través de acciones colectivas. Es verdad que se estuvo estudiando la posibilidad de regularla en materia antitrust, pero finalmente, en la Directiva 2014/104/UE, de 26 de noviembre, de acciones por daños, por infracción de Derecho de la competencia de los Estados miembros y de la UE, se decidió acoger las acciones de daños antitrust individuales y desgajar las acciones colectivas para otro momento[9], como ha sucedido, primero con la Recomendación de la Comisión de 11 de junio de 2013 y finalmente la Directiva 2020/1828/UE que nos ocupa. Es verdad, que esta regulación sobre acciones de representación no se ha previsto en el campo de Derecho de la competencia, sino, como ya hemos comentado, en el de consumo.

La Directiva deja a los Estados miembros establecer la manera y la fase en que los consumidores podrán manifestar su voluntad expresa o tácita de ser representados o no por la entidad habilitada en una acción de representación y, en su caso, quedar o no vinculados por el resultado de la acción. En otras palabras, deja a los Estados miembros elegir el modelo de vinculación o desvinculación (modelo opt in y opt out).

3. Sistemas opt in y opt out

Como hemos comentado, la Directiva no impone un sistema específico y no se decanta ni por opt in ni por opt out. El primero, opt in, se caracteriza en que el promotor de la acción (entidad habilitada) tan solo actúa en defensa de los derechos de los consumidores perjudicados que expresamente manifiestan su voluntad de adherirse a la acción colectiva. En este caso, la sentencia que pudiera dictarse solo afectará a los consumidores que de forma expresa hayan manifestado su voluntad de formar parte de la causa[10]. Este sistema tiene a su favor el determinar claramente, qué consumidores van a ser afectados por la acción de representación, y se podrá establecer con precisión la indemnización que se puede reclamar.

La Directiva como excepción, opta por este sistema únicamente para el supuesto previsto en el artículo 9 apartado 3. Así, los consumidores individuales que no residan habitualmente en el Estado miembro del órgano jurisdiccional ante el que se haya ejercitado una acción de representación, están obligados a manifestar, de forma expresa, su voluntad de ser representados en dicha acción a fin de quedar vinculados por el resultado de esta.

El sistema opt in fue el propuesto por la Recomendación de la Comisión de 11 de junio de 2013[11].

---

7   GASCÓN INCAHUSTI, Fernando, *op., cit.*, pág. 1306.

8   MARTÍNEZ DEL TORO, Susana, Líneas generales del sistema de acciones colectivas planteado por la Directiva europea sobre acciones de representación, *Práctica de Tribunales*, nº 150, Mayo de 2021, Wolters Kluwer, pág. 4.

9   GUTIÉRREZ DE CABIEDES, Pablo, Acciones colectivas: pretensiones y legitimación, en *Acciones colectivas (cuestiones actuales y perspectivas de futuro)*, (coords.) ARMENTA DEU, Teresa y PEREIRA PUIGVERT, Silvia, Marcial Pons, Madrid, 2018, pág. 32.

10   SANDE MAYO, María Jesús, La configuración de los procesos colectivos sobre un modelo mixto de opt in y opt out, en *Acciones colectivas (cuestiones actuales y perspectivas de futuro)*, (coords.) ARMENTA DEU, Teresa y PEREIRA PUIGVERT, Silvia, Marcial Pons, Madrid, 2018, pág. 123.

11   Recomendación de la Comisión de 11 de junio de 2013. DO L 201, 26 de julio de 2013.
    Que afirma en su apartado 21:
    "La parte demandante debería constituirse por consentimiento expreso de las personas físicas o jurídicas que afirmen haber sufrido daños (principio opt-in). Las excepciones a este principio, en virtud de disposiciones legales o de una resolución judicial, deberían justificarse debidamente por razones de buena administración judicial".

El sistema opt out o sistema de exclusión voluntaria, se caracteriza según SANDE MAYO[12], porque "el promotor de la causa actúa en el proceso colectivo en defensa de los intereses de todos los perjudicados por el hecho dañoso que, en el momento establecido el efecto, no hubieren optado expresamente por desvincularse de la acción colectiva". Por tanto, en este sistema la futura sentencia o resolución administrativa que decida la acción representativa afectará a todos los consumidores, salvo a los que de forma expresa manifestaron su voluntad de no formar parte de la causa.

La Directiva dispone que corresponderá a los Estados miembros establecer normas que garanticen que los consumidores que hayan manifestado expresa o tácitamente su voluntad de ser representados en una acción de representación no puedan ser representados en otras acciones con el mismo objeto y causa y contra el mismo empresario. Además, estos consumidores a los que nos referimos tampoco podrán ejercer acciones individuales con el mismo objeto y causa frente al mismo empresario (artículo 9.4).

4. Financiación de acciones de representación por tercero

La normativa de la Unión Europea mira con mucha prevención y cierta desconfianza, que el proceso se haya financiado por un tercero. Así, la Recomendación de la Comisión de 11 de junio del 2013, ya preveía, y daba ciertas pautas para el supuesto de que el proceso esté financiado por tercero. En su apartado 16 la Recomendación dispone que los Estados miembros garantizarán que, en caso de que el proceso se financie por un tercero, éste tendrá prohibido:

a) Influir en las decisiones procesales de las partes, incluidas las transacciones;

b) en segundo lugar, financiar una acción colectiva contra un demandado que sea un competidor del proveedor de fondos o contra un demandado del que dependa el proveedor de fondos;

c) en tercer lugar, exigir intereses excesivos sobre los fondos prestados.

Continuando con la línea propuesta por la Recomendación antes comentada, en la Directiva se ha seguido con una postura de desconfianza frente al papel que va a desempeñar el tercero financiador en el proceso colectivo. En el artículo 10 de la Directiva se dispone que cuando se ejercita una acción de representación para obtener medidas resarcitorias financiada por tercero, los Estados miembros velarán por evitar los conflictos de intereses. Conflicto de interés que puede existir, cuando se ejercita la acción contra un demandado competidor del financiador o contra un demando del que dependa el financiador. También los Estados miembros velarán por evitar que las decisiones de la entidad habilitada, tanto en la acción de representación como en posibles acuerdos, puedan estar indebidamente influidas por el tercero financiador, perjudicando la protección de los intereses colectivos de los consumidores.

Parece claro, y así se dispone en la Directiva que los Estados miembros velarán porque los órganos judiciales o la autoridad administrativa estén facultados para poder valorar la existencia o no de las conductas descritas anteriormente y que se deben evitar. A estos efectos, las entidades habilitadas comunicaran a los órganos judiciales o a la autoridad administrativa, para el caso de que surjan dudas sobre la influencia del tercero, un resumen de las fuentes de financiación utilizadas para apoyar la acción de representación[13].

Para hacer cumplir todas estas previsiones los Estados miembros tendrán que prever la posibilidad de otorgar a los tribunales o autoridades administrativas instrumentos coactivos suficientes, como los previstos en el apartado cuarto del artículo 10 de la Directiva: a) exigir a la entidad habilitada que rechace o modifique la financiación controvertida; b) denegar legitimación procesal a la entidad habilitada en una determinada acción de representación. En este último supuesto, si se deniega la legitimación procesal a una entidad habilitada, esta denegación no afectará a los derechos de los consumidores afectados por esa acción de representación.

---

12   SANDE MAYO, María Jesús, *op., cit.,* pág. 123 y 124.

13   LÓPEZ JIMÉNEZ, José María, La protección de los consumidores y las acciones de representación: una primera aproximación a la Directiva (UE) 2020/1828, *Diario La Ley*, Nº 9834, Abril de 2021, Editorial Wolters Kluwer, pág. 6. Entiende el autor que: "la carga que la directiva atribuye a las autoridades judiciales o administrativas para que valoren si, en cada caso concreto, concurren conflictos de intereses puede ser excesiva dada la complejidad de la materia, y de la financiación por terceros específicamente".

Teniendo en cuenta todo lo dicho, el modelo de tercero financiador en el que está pensando la Directiva será un sujeto, que desembolse una cantidad de dinero, que puede ser importante, y después no se inmiscuya en la marcha del proceso. De esta forma, se evita el peligro de presiones o conflictos que vayan contra los intereses de los consumidores. Para poder asegurarse de la neutralidad y falta de influencia en el proceso por el tercero se tendrá que dotar a la autoridad judicial o administrativa competente de medios coactivos adecuados como los que hemos citado más arriba y prevé la Directiva.

No obstante, aun comprendiendo las reservas sobre el tercero financiador que muestra la directiva hemos de ser conscientes de que ese modelo de financiador no va a ser el usual, y va a limitar, en gran medida, la financiación de acciones colectivas por esta vía. Seamos conscientes de que el modelo de tercero financiador suele ser una empresa o fondo de inversión, que mira el proceso como una inversión. Por tanto, ese tipo de financiadores invierten su dinero a cambio, de un porcentaje de las futuras ganancias. De tal forma que, si participan en el proyecto es lógico que, también, puedan opinar sobre la suerte que correrá su inversión.

Partiendo de que la figura del tercero financiador es controvertida, y puede provocar influencias que puedan colisionar con el interés de los consumidores. Se ha demostrado en aquellos países[14] donde se está utilizando, que es un medio hábil para financiar procesos que sin ellos sería imposible o muy difícil realizar.

5. Acuerdo de Resarcimiento

La Directiva, también prevé que en el marco de una acción de representación para obtener medidas resarcitorias los Estados miembros velarán por que la entidad habilitada y el empresario puedan proponer conjuntamente un acuerdo de resarcimiento para los consumidores afectados a la autoridad judicial o administrativa; o estos últimos, puedan proponer a la entidad habilitada y el empresario, tras haberles consultado, que lleguen a un acuerdo de resarcimiento en un plazo razonable.

Los acuerdos posibles estarán sujetos a la homologación de la autoridad judicial o administrativa, que no los homologará si van en contra de normas imperativas de derecho nacional, o incluyen condiciones que no puedan cumplirse teniendo en cuenta los derechos e intereses de las partes. También, los Estados miembros establecerán normas que permitan al órgano jurisdiccional y a la autoridad administrativa denegar un acuerdo por no ser equitativo.

El artículo 11 apartado 3 de la Directiva dispone que en el supuesto de que la autoridad judicial o administrativa no homologó el acuerdo, proseguirá el examen de la acción de representación de que se trate. Hemos de entender en este caso, que el acuerdo se ha propuesto una vez iniciado el proceso y durante el mismo las partes llegan a un acuerdo que luego no es homologado. Cuestión diferente se plantearía si antes de iniciar el proceso para ejercitar una acción de representación la entidad habilitada y el empresario llegan a un acuerdo que posteriormente es sometido a homologación ante el órgano judicial o autoridad administrativa competente, pero al final dicha homologación no se lleva a cabo. Entendemos en este caso que, salvo que la entidad habilitada presente una demanda, no se seguirá con el examen de la acción.

Los acuerdos homologados serán vinculantes para la entidad habilitada, el empresario y los consumidores individuales afectados. Los Estados miembros podrán establecer normas que permitan a los consumidores individuales afectados aceptar o rechazar quedan vinculados por el acuerdo homologado.

---

14 Para poder tener un visión de cómo el tercero financiador (Third Party Funding) se ha introducido en países como Estados Unidos y Australia ver: SÁNCHEZ RIVERA, Pedro, La financiación de las acciones colectivas y la Thrid Party Funding. Especial referencia a la experiencia en Australia y Estados Unidos, en *Acciones colectivas (cuestiones actuales y perspectivas de futuro)*, (coords.) ARMENTA DEU, Teresa y PEREIRA PUIGVERT, Silvia, Marcial Pons, Madrid, 2018, págs., 315 a 332.

6. Imposición de costas

En cuanto a la imposición de costas de la acción de representación para obtener medidas resarcitorias, la Directiva en su artículo 12 propone como criterio de imposición de costas el del vencimiento, eso sí, siempre respetando las excepciones y la regulación previstas en Derecho nacional de cada Estado miembro. Así la parte perdedora en una acción de representación será quien soporte el pago de las costas a la parte vencedora.

La Directiva dispone que los consumidores individuales afectados por una acción de representación no soportaran las costas procesales. No obstante, excepcionalmente, un consumidor individual podrá ser condenado a soportar las costas procesales causadas como consecuencia de la conducta dolosa o negligente a él imputable.

7. Efectos de las resoluciones firmes y plazos de prescripción

En su artículo 15 la Directiva prevé que los Estados miembros velarán por que las resoluciones firmes de los órganos judiciales o autoridades administrativas dictadas en un Estado miembro que declaren la existencia de una infracción que perjudique a intereses colectivos de consumidores, pueda ser alegada como prueba en el marco de otra acción de representación ejercitada ante los órganos judiciales o autoridad administrativa de otro Estado miembro contra el mismo empresario y por la misma práctica. Todo esto, siempre respetando la normativa sobre valoración de la prueba del Derecho interno de cada Estado.

En cuanto a los plazos de prescripción tenemos que recordar las siguientes cuestiones. Incluidas dentro de lo que hemos denominado acciones de representación la entidad habilitada puede buscar dos tipos de tutela: la primera dirigida a obtener medidas de cesación de conductas que perjudiquen a los consumidores previstas en el artículo 8 de la directiva; en segundo lugar, se pueden solicitar medidas resarcitorias previstas en el artículo 9 de la directiva como son la indemnización, la reparación, la sustitución, etc. El artículo 16 dispone que, siempre respetando el Derecho nacional, los Estados miembros velarán por que el ejercicio de una acción representativa para obtener medidas de cesación provoque la interrupción de los plazos para interponer, posteriormente, una acción representativa para obtener medidas resarcitorias por los consumidores. La intención de la directiva es evitar que el tiempo que dura el ejercicio de una acción de cesación, pueda provocar la prescripción de los plazos para, reclamar el resarcimiento de daños y perjuicios por conductas de algún empresario que infrinja los derechos de los consumidores.

8. Exhibición de pruebas

La Directiva prevé que los Estados miembros velarán por que, tanto la entidad habilitada como el empresario demandado, puedan pedir la exhibición de pruebas que estén en poder de la parte contraria o de un tercero al órgano judicial o a la autoridad administrativa. Por supuesto, de conformidad con la regulación con las normas procesales nacionales. Con carácter general, la Ley de Enjuiciamiento Civil (LEC) prevé la petición de exhibición de documentos a la parte contraria y a terceros en los artículos 328 a 331. En el Proyecto de Ley se regula la exhibición de prueba en el futuro artículo 838 de la LEC. Este precepto se remite a algunos de los artículos[15] de la sección 1ºbis, del capítulo V, del título I, del libro II, de la LEC, relativos *"al acceso a las fuentes de prueba en procedimientos de reclamación de daños por infracción del derecho de la competencia"*. Especialmente en estos artículos se regula el acceso a información confidencial.

---

15   El futuro artículo 838 en sus apartados 4 y 6, se remite en materia de exhibición de prueba a los artículos: art. 283 bis b), 283 bis d) a 283 bis h) y 283 bis K).

Capítulo II. Líneas generales del Proyecto de Ley de acciones colectivas para la protección y defensa de los derechos e intereses de los consumidores

El Proyecto de Ley de acciones colectivas para la protección y defensa de los derechos e intereses de los consumidores (en adelante Proyecto de Ley), Modifica diversas leyes, pero a los efectos que nos ocupan nos centraremos en las modificaciones de la Ley de Enjuiciamiento civil y de la Ley General para la Defensa de los Consumidores y Usuarios y otras leyes complementarias aprobado por el Real Decreto Legislativo 1/2007, de 16 de octubre (LGDCU).

1. Las entidades habilitas y la Ley General para la Defensa de los Consumidores y Usuarios (Real Decreto Legislativo 1/2007, de 16 de octubre)

Las modificaciones operadas en la Ley General para la Defensa de los Consumidores y Usuarios (LGDCU) recogidas en el artículo segundo del Proyecto de Ley, se centra, sobre todo, en determinar cuáles son las entidades habilitadas para ejercer acciones colectivas para la protección y defensa de derechos de consumidores y usuarios. Así se modifica la rúbrica y el contenido del Capítulo I del Título V, que se refiere a "acciones colectivas para la protección y defensa de los derechos e intereses de los consumidores y usuarios". Siguiendo la nueva regulación que se introduce en el artículo 54 se consideran entidades habilitadas para el ejercicio de acciones colectivas:

a) Las asociaciones de Consumidores y Usuarios habilitadas para el ejercicio de acciones colectivas, nacionales o transfronterizas;

b) Los órganos o entidades de la Administración General del Estado, de las comunidades autónomas y de las corporaciones locales competentes en materia de defensa de consumidores y usuarios;

c) Las entidades designadas en otro Estado miembro de la Unión Europea como entidades habilitadas para ejercitar acciones colectivas transfronterizas, de conformidad con la Directiva (UE) 2020/1828.

La Directiva (UE) 2020/1828, deja a la regulación interna de cada Estado miembro establecer los requisitos para reconocer a las entidades habilitadas para ejercer acciones colectivas nacionales o transfronterizas. La Directiva sólo prevé una serie de requisitos específicos que necesariamente tendrán que respetar aquellas entidades habilitadas para acciones colectivas transfronterizas. No obstante, el artículo 4, apartado 5, deja a la libre voluntad de los Estados miembros, decidir si los criterios establecidos para designar entidades habilitadas para el ejercicio de acciones colectivas transfronterizas, también se apliquen para designar a las entidades habilitadas para acciones de representación nacional. Esto es lo que se ha previsto en el nuevo artículo 55 de la LGDCU, donde en su apartado tercero[16] se regulan conjunta e indistintamente los requisitos para la designación como entidad habilitada para

---

16   El nuevo apartado tercero del artículo 55 de la LGDCU introducido por el Proyecto de Ley dispone:
3." Las asociaciones de consumidores y usuarios que soliciten ser designadas como entidades habilitadas para ejercitar acciones colectivas nacionales o transfronterizas deberán acreditar, en el momento de la presentación de la solicitud, los requisitos siguientes:

    a)   Demostrar el desempeño de manera efectiva y pública durante un periodo mínimo de doce meses antes de la fecha de su solicitud de designación, de la actividad propia de su fin de protección de los intereses de los consumidores,

    b)   Que, conforme a sus estatutos, tengan por finalidad la protección y defensa de los derechos e intereses de los consumidores y usuarios, tal como establecen las disposiciones del Derecho de la Unión que se recogen en el anexo I de la Directiva (UE) 2020/1828 del Parlamento Europeo y del Consejo de 25 de noviembre de 2020;

    c)   Se trata de una entidad sin ánimo de lucro;

    d)   No está incursa en un procedimiento de insolvencia ni está declarada insolvente;

    e)   Es independiente y no está influida por personas distintas de los consumidores y usuarios, en particular, por empresarios, que tengan un interés económico en el ejercicio de cualquier acción de representación, también en el supuesto de financiación por terceros, y a tal fin ha establecido procedimientos para evitar tal influencia, así como para evitar conflictos de intereses entre la propia entidad, sus financiadores y los intereses de los consumidores;

    f)   Hace pública en términos claros y comprensibles, por cualquier medio adecuado, en particular en su sitio web, información que demuestra que cumple los criterios mencionados en las letras a) a e), así como información sobre las fuentes de su financiación en general, su estructura".

el ejercicio de acciones colectivas tanto nacionales como transfronterizas. Dichos requisitos son los mismos que prevé la Directiva en su artículo cuatro, apartado tercero.

Las asociaciones de consumidores y usuarios podrán ser designadas como entidades habilitadas para el ejercicio de acciones colectivas por los siguientes órganos:

a) La Dirección General competente en materia de consumo de la Administración General del Estado, será quién designará entidades habilitadas para ejercitar acciones colectivas nacionales y transfronterizas. En este caso, las asociaciones tendrán que solicitar ser designadas y estar inscritas en el Registro Estatal de Asociaciones de Consumidores y Usuarios.

b) Las autoridades con competencias en materia de consumo de las comunidades autónomas y de las ciudades de Ceuta y Melilla, serán las competentes para designar entidades habilitadas para el ejercicio de acciones colectivas, en este caso, sólo de ámbito nacional. Las asociaciones de consumidores y usuarios tendrán que solicitar su designación y además estar inscritas en los registros de asociaciones de consumidores y usuarios que correspondan a su ámbito territorial.

Los Órganos que hubieren dictado la resolución de designación de la asociación de consumidores y usuarios como entidad habilitada informará al Ministerio con competencias en materia de consumo, para que estas entidades sean incorporadas al listado nacional de entidades habilitadas para el ejercicio de acciones colectivas nacionales. Esto es lo que prevé el artículo 56 bis del artículo segundo del Proyecto de Ley que regula lo que se prevé en la Directiva en el artículo 5.

El Proyecto de Ley en su artículo segundo que modifica el art. 56 ter de la LGDCU, también prevé que se creará un listado de entidades habilitadas para el ejercicio de acciones colectivas transfronterizas. En este caso, el único órgano que elaborará este listado será la Dirección General competente en materia de consumo de la Administración General del Estado. También será el órgano encargado de trasladar a la Comisión Europea la información de dicho listado, cumpliendo con lo que dispone la Directica en su artículo 6.

Por tanto, vemos como los artículos introducidos en la LGDCU Introducen las normas relativas al régimen jurídico de las entidades habilitadas cumpliendo con lo previsto en la Directiva.

2. Modificaciones en la Ley de Enjuiciamiento Civil

En el artículo primero del Proyecto de Ley regula las modificaciones que se introducirían en la Ley de Enjuiciamiento civil (LEC). Antes de ocuparnos del nuevo proceso especial sobre acciones colectivas para la protección y defensa de los derecho e intereses de consumidores y usuarios, que se introduce en el Libro IV, vamos a hacer unas consideraciones generales sobre las modificaciones y supresión de artículos que también prevé el Proyecto de Ley[17]. Estas modificaciones cambian el panorama de las acciones colectivas que se regulaba hasta ahora en la LEC.

Especial importancia para el nuevo modelo procesal que se quiere introducir, tiene la derogación de los artículos 6.1.7º, art. 11 y el art. 15 de la LEC. El primero de estos artículos es el que reconoce capacidad para ser parte a los grupos de consumidores y usuarios siempre que actuará la mayoría de ellos. El artículo 11 que es el que regula la legitimación para la defensa de derechos e intereses de consumidores y usuarios, tanto para grupos de consumidores que estén perfectamente determinados y sean determinables (art. 11.2), así, como para las asociaciones de consumidores y usuarios en el caso de intereses difusos para la protección de derechos e intereses de consumidores que no estén determinados o sean de difícil determinación (art.11.3). Tras la supresión de este artículo hemos de destacar la desaparición del término "interés difuso".

---

17 A título informativo y sin ánimo de extenderme en demasía las modificaciones que introduce el Proyecto de Ley en el libro I de la LEC son: se suprimen el artículo. 6.1.7º; art. 11; art. 15; art. 52.1.16º; art. 76.2.1º; y se modifican: art. 7.7; 1art. 13.1; art. 52.1.14º; art. 222.3. En el Libro II se suprimen el art. 250.1.12º y art. 256. 1.6º; y se modifican el art. 249 apartados 4 y 5; art. 257.1; art. 261.5; 477.2.4º. En el Libro III se suprimen los artículos 519 y art. 728. Son modificados los artículos: 521.4º; 525.1.9; 711. En el libro IV se introduce el Título IV con la rúbrica: "De los procesos para el ejercicio de acciones colectivas para la protección y defensa de los derechos e intereses de los consumidores y usuarios".

Parte de la doctrina[18] ha defendido la desaparición de la distinción entre intereses colectivos y difusos "sobre la que gravita el perturbador e ineficaz régimen de publicidad e intervención procesal del artículo 15", en sus apartados 2 y 3.

Como indica GUTIÉRREZ DE CABIEDES[19], la mayor parte de la doctrina habla de forma genérica e indistinta de intereses colectivos y difusos. El citado autor entiende que, aunque son una especie del concepto interés supraindividual no son lo mismo[20].

Tras la derogación del artículo 6.1.7º, tendremos que entender que ya no se reconoce capacidad para ser parte a un grupo de consumidores si actúa la mayoría de ellos. De alguna forma, y ya de paso conectándolo con el artículo 15, también derogado, la doctrina había sido crítica con esta regulación debido a las dificultades de poder conformar el grupo. Sólo tenía utilidad cuando el grupo de consumidores no era muy grande y estaba perfectamente determinado. Pero en el supuesto de que fuese un grupo de consumidores perfectamente determinado, pero numeroso, no resultaba fácil conseguir que la mayoría interpusiera la demanda y, además, como exigía el artículo 15, conocer los domicilios de todos los demás para poder comunicarles su intención de interponer dicha demanda.

Teniendo en cuenta está previsión de supresión de los artículos mencionados, parece que la tutela colectiva de los consumidores, aunque esté perfectamente determinada, tendrá que hacerse a través de la acción colectiva ejercitada por una entidad habilitada.

2.1. Aspectos principales de los procesos para el ejercicio de acciones colectivas para la protección y defensa de los derechos e intereses de los consumidores y usuarios

El ámbito de este nuevo proceso especial regulado en el Título IV del Libro IV de LEC, serán el ejercicio de acciones colectivas frente a conductas de empresarios o profesionales que infrinjan los derechos e intereses de los consumidores y usuarios. Parece que recoge un ámbito más amplio que el que dispone la directiva en su artículo 2, que dispone que: "la presente Directiva se aplica a las acciones de representación ejercitadas frente a actos de empresarios que infrinjan las disposiciones del Derecho de la Unión recogidas en el anexo 1".

Como ya comentamos más arriba la Directiva se circunscribe a los actos de empresarios que infrinjan únicamente las disposiciones sobre consumo enumeradas en el anexo I. La Directiva sólo regula unos mínimos que desea que todos los Estados miembros deban recoger en su Derecho nacional. La Directiva, por tanto, no impide que los Estados miembros ya tengan, o desarrollen, una tutela más amplia para los consumidores y usuarios.

Las acciones colectivas que podrán ejercitarse al amparo de este Proyecto de Ley serán tanto acciones colectivas de cesación como resarcitorias. También se distinguen entre acciones colectivas nacionales y acciones colectivas transfronterizas. Las primeras se refieren a aquellas las citadas ante un tribunal español por una entidad habilitada en España de conformidad con LGDCU. Se entenderán acciones transfronterizas aquellas ejercitadas ante un tribunal español por una entidad habilitada en otro Estado miembro de la Unión Europea de acuerdo con la Directiva (UE) 2020/1828, ya estudiada.

Las acciones colectivas de cesación, como prevé el artículo 830, se dirige a obtener una sentencia que condene al demandado a cesar en la conducta y prohibir su reiteración futura. Podrán ejercitarse, también, este tipo de acciones cuando la conducta ya haya finalizado, si existen indicios suficientes que hagan temer su reiteración. El ejercicio de ese tipo de acciones no requiere que los consumidores y usuarios afectados manifiesten su voluntad

---

18   GARNICA MARTÍN, Jan Francisco, FERRERES CONELLA, Alejandro, DÍEZ-PICAZO GIMÉNEZ, Ignacio y AGUILERA MORALES, Marien, *op., cit.*, pág. 3.

19   GUTIÉRREZ DE CABIEDES E HIDALGO DE CABIEDES, Pablo, *La Tutela Jurisdiccional de los Intereses Supraindividuales Colectivos y Difusos*, Aranzadi, Elcano, 1999, pág. 112.

20   Tengamos en cuenta que para GUTIÉRREZ DE CABIEDES interés supraindividual "*es una situación jurídica en que una comunidad de sujetos se encuentra en idéntica posición respecto a un bien del que todos ellos disfrutan simultánea y conjuntamente, de forma concurrente y no exclusiva, y que se ven afectados de forma unitaria por un determinado acto que a todos perjudica*". Según el citado autor, como ejemplo de un interés supraindividual en su especie de interés difuso, "*se puede mencionar la difusión de una publicidad engañosa sobre un determinado producto o servicio, que le atribuya cualidades o convicciones que no responden a las que realmente tiene o de acuerdo con las cuales se presta.*" Por otro lado, también entiende como intereses supraindividuales colectivos serían "el de la falta de higiene y seguridad en una determinada fábrica o en un centro escolar". GUTIÉRREZ DE CABIEDES E HIDALGO DE CABIEDES, Pablo, *op., cit.*,pág. 110 y 111.

de adherirse a ella o de beneficiarse de una eventual sentencia estimatoria. En los procesos donde se ejercite una acción colectiva de cesación no podrán intervenir los consumidores y usuarios afectados.

Para que se estime la acción colectiva de cesación nos requiere la prueba por parte de la entidad habilitada demandante, de la existencia de dolo o negligencia por parte del empresario demandado ni de pérdida daño o perjuicio efectivo a los consumidores y usuarios considerados individualmente que se hayan visto afectados por la infracción.

La acción colectiva de cesación es imprescriptible según dispone el art. 830.6, sin perjuicio de lo dispuesto en el artículo 19 apartado 2[21] de la Ley 7/1998, de 13 de abril, sobre condiciones generales de la contratación. Según este artículo, si las condiciones generales se hubieran depositado en el Registro General de Condiciones Generales de la Contratación, dichas acciones prescribirán a los 5 años contados desde su depósito, siempre que hayan sido objeto de uso efectivo.

En cuanto a la acción colectiva resarcitoria, según dispone el art. 831, será aquella que se dirige a obtener una sentencia que condene al empresario o profesional demandado a reparar los daños padecidos por los consumidores o usuarios perjudicados por la conducta infractora. En cuanto al contenido del resarcimiento podrá consistir en el pago de indemnizaciones, a la reparación o sustitución de los bienes adquiridos por los consumidores o al reembolso del precio pagado por estos. Podrá también pretenderse la resolución de los contratos en que se haya materializado la infracción o la reducción del precio de los bienes o servicios afectados por la infracción.

Para ejercitarse una acción colectiva resarcitoria no es necesario la previa declaración en sentencia o resolución administrativa firmes de que la conducta del empresario es contraria a los intereses colectivos de los consumidores y usuarios.

Según el artículo 831.3, los consumidores y usuarios afectados no podrán intervenir en el proceso en el que se ejercite una acción resarcitoria. La única posible intervención será la de manifestar su voluntad de desvinculación o, en algunos casos, expresar su voluntad de que les afecte el resultado del proceso en los términos que establece el artículo 848 y que más tarde veremos.

El ejercicio de una acción colectiva suspenderá los plazos de prescripción de las acciones individuales de los consumidores y usuarios afectados para obtener el resarcimiento de los daños que se les ha producido. Los plazos volverán a correr a partir del momento en el que se exprese la voluntad de desvincularse de la acción en la forma establecida en el artículo 848.

El Proyecto de Ley regula en el artículo 833, la pluralidad de acciones colectivas. En primer lugar, las entidades habilitadas podrán ejercitar en una sola demanda, la acumulación de una acción de cesación y una acción resarcitoria. Ahora bien, el tribunal en el trámite de certificación podrá ordenar la desacumulación, y que se tramiten de forma separada. Esta decisión la tomará el tribunal cuando entienda que la acumulación provoca excesiva complejidad o dilación para el proceso o, por cualquier otro motivo, que pudiera perjudicar a la mejor administración de justicia. También se prevé la acumulación de procesos cuando varias entidades habilitadas ejercitarán acciones de cesación sobre el mismo empresario y respecto la misma conducta. En este caso, se procederá como hemos dicho a la acumulación de procesos. En el supuesto de que no fuera posible, el proceso más moderno tendrá que sobreseerse.

En el caso en que entidades habilitadas distintas interpusieron acciones resarcitorias frente a un mismo empresario y por una misma conducta infractora, se acordará la suspensión del proceso incoado con posterioridad. En el supuesto de que se hubiera dictado en el proceso más antiguo auto firme de certificación en los términos previstos en el artículo 848 o auto firme denegando la certificación según lo establecido en art. 854, deberá sobreseerse el proceso incoado con posterioridad. Si no se hubiera resuelto sobre la certificación en el proceso incoado primero el tribunal que lo esté tramitando podrá acordar la acumulación si así lo aconseja la buena administración de justicia. Si el tribunal no cree oportuna la acumulación, tan pronto como sea firme el auto de certificación o el auto

---

21 La Ley 7/1998, de 13 de abril, sobre condiciones generales de contratación, dispone en su artículo 19.2:
    2." No obstante, si las condiciones generales se hubieran depositado en el Registro General de Condiciones Generales de la Contratación, dichas acciones prescribirán a los cinco años, computados a partir del día en que se hubiera practicado dicho depósito y siempre y cuando dichas condiciones generales hayan sido objeto de utilización efectiva".

denegatorio de certificación, ordenará el sobreseimiento del proceso incoado con posterioridad. En el caso que sea el proceso más antiguo el que se sobresea, se levantará la suspensión del proceso posterior.

En cuanto al órgano competente objetivamente para conocer de los procesos sobre acciones colectivas como el artículo 834, lo atribuye a los Juzgados de Primera Instancia. No obstante, tras la modificación de la Ley Orgánica del Poder Judicial llevada a cabo por la Ley Orgánica 1/2025, de 2 de enero, de medidas en materia de eficiencia del Servicio Público de Justicia, el órgano competente será en un futuro los Tribunales de Instancia Sección de lo Civil[22]. En cuanto a la competencia territorial la tendrá el órgano jurisdiccional del lugar donde el demandado tenga su domicilio y, a falta de este, un establecimiento; si careciese de domicilio y de establecimiento en territorio español, el del lugar donde se haya realizado o haya producido o pudiera producir sus efectos la conducta infractora.

En relación con los sujetos legitimados para ejercer las acciones colectivas, el artículo 835 dispone que estarán legitimadas el Ministerio fiscal y las entidades habilitadas según lo dispuesto en la LGDCU, artículos 54 y siguientes, tal como ya hemos comentado más arriba. El Ministerio fiscal y las demás entidades habilitadas a las que nos hemos referido, podrán personarse en los procesos promovidos por otra cualquiera de ellas en el ejercicio de la acción colectiva de cesación. El tribunal si lo estima oportuno permitirá la personación. Nos encontramos un supuesto de intervención voluntaria, a la que se remite el modificado artículo 13.1 de la LEC.

El proyecto de ley, en el artículo 837 de la LEC, prevé la publicidad y difusión de carácter público y gratuito de las acciones colectivas de cesación y resarcimiento, así como de los acuerdos resarcitorios a los que se pudiera llegar en estos procesos. Esta publicidad sí realizará a través del Registro de Condiciones Generales de la Contratación y de Acciones Colectivas.

Sobre el acceso a las fuentes de prueba, el Proyecto de Ley prevé unas normas especiales en el artículo 838 de la LEC. Como ya hemos apuntado más arriba la LEC regula unas normas generales sobre el acceso a fuentes de prueba que puedan estar en poder de la parte contraria o de terceros (arts. 328 y siguientes). El legislador a entendido que estas normas no son suficientes y a dispuesto en el artículo 838, antes mencionado, la remisión a las reglas especiales de acceso a fuentes de prueba reguladas en la LEC. Este precepto se remite a algunos de los artículos de la sección 1ºbis, del capítulo V, del título I, del libro II, de la LEC, relativos *"al acceso a las fuentes de prueba en procedimientos de reclamación de daños por infracción del derecho de la competencia"*. Los artículos a los que se remite el art. 838 en sus apartados 4 y 6, son: art. 283 bis b), 283 bis d) a 283 bis h) y 283 bis k). Parece que el legislador ha previsto cierta similitud entre las dificultades en el acceso a las fuentes de prueba que se van a encontrar en ese tipo de acciones colectivas en defensa de derechos de consumidores frente a empresarios infractores, como las que se encuentran en algunos procesos por infracción de normas de Derecho de la competencia. Estas dificultades se detectan, sobre todo, cuando se necesita solicitar a la parte contraria o, a un tercero, información considerada como confidencial.

Los tribunales pueden ordenar la exhibición de pruebas que contengan información confidencial cuando lo consideren pertinente, eso sí, tomando las medidas que estime oportunas para proteger la confidencialidad que prevé el citado artículo 283 bis b)[23].

Por último, en cuanto a las normas aplicables a las acciones colectivas tanto de cesación como resarcitorias, el artículo 839 dispone que en materia de renuncia y desistimiento se aplicarán las normas generales de la LEC de su capítulo IV del título primero del Libro primero.

---

22   La Disposición transitoria primera de la ley Orgánica 1/2025, de 2 de enero, de medidas en materia de eficiencia del Servicio Público de Justicia, dispone que la constitución de los Tribunales de Instancia se realizará de forma escalonada conforme al siguiente orden:
"1.º El día 1 de julio de 2025 los Juzgados de Primera Instancia e Instrucción y los Juzgados de Violencia sobre la Mujer, en aquellos partidos judiciales donde no exista otro tipo de Juzgados, se transformarán, respectivamente, en Secciones Civiles y de Instrucción Únicas y Secciones de Violencia sobre la Mujer.
2.º El día 1 de octubre de 2025, los Juzgados de Primera Instancia, los Juzgados de Instrucción y los Juzgados de Violencia sobre la Mujer, en los partidos judiciales donde no exista otro tipo de Juzgados, se transformarán, respectivamente, en Secciones Civiles, Secciones de Instrucción y Secciones de Violencia sobre la Mujer.
3.º El día 31 de diciembre de 2025, los restantes Juzgados, no comprendidos en los supuestos anteriores, se transformarán en las respectivas Secciones conforme a lo previsto en la presente ley".

23   SÁNCHEZ RIVERA, Pedro, Obtención de fuentes de prueba en procesos de reclamación de daños por infracción de derecho de la competencia, en *Novedades y retos en la lucha contra los cárteles económicos*, (directores), BENEYTO PÉREZ, José María y MAILLO GONZÁLEZ-ORÚS, Jerónimo, Aranzadi, Cizur Menor, 2019, pág. 771.

2.2. La audiencia de certificación

Para que pueda ser admitida la demanda que ejercite una acción colectiva de cesación será perceptivo que la entidad habilitada demandante acredite que ha solicitado la cesación de la actividad al empresario o profesional demandado, con una antelación de un mes antes de interponerla. Esta solicitud se tendrá que hacer de forma fehaciente para que conste su fecha, recepción y su contenido.

Nada dice el Proyecto de Ley en su artículo 840, de si esta solicitud de cese de conducta debe incorporar el ofrecimiento de un intento de acuerdo. Recordemos que a partir de la LO 1/2025, se estableció que para que sea admitida la demanda en un proceso civil será necesario acreditar un intento de acuerdo. Teniendo en cuenta que no se ha incluido a las acciones colectivas dentro de las excepciones a la actividad negociadora previa a interponer una demanda recogida en el artículo 5 de la citada Ley Orgánica, hemos de entender que, salvo que se recoja de forma expresa en la redacción final de la futura ley, también será preceptiva, además de solicitar la cesación de la conducta, solicitar el inicio de una negociación.

En cuanto a la tramitación de la acción colectiva de cesación, o si el objeto del proceso lo integra solo una o varias acciones de cesación el cauce procedimental será el del juicio verbal con las especialidades reguladas en el artículo 841 y que brevemente exponemos.

En primer lugar, en la demanda la entidad habilitada demandante tendrá que establecer los consumidores y usuarios que habrán de verse afectados por la acción. Sí no puede identificar a cada uno de ellos, tendrá que especificar del modo más preciso las características y requisitos que deban tener dichos consumidores, para que puedan ser afectados por la sentencia. Cuando el Ministerio Fiscal no haya sido el que presente la demanda, el tribunal admitirá esta y dará traslado al Ministerio Fiscal por si quisiera personarse en el proceso promovido por otra entidad habilitada.

El plazo para contestar a la demanda se amplía de 10 días, que es el normal para los juicios verbales, a un mes. Será necesario la celebración de la vista que regula el artículo 443. Tengamos en cuenta que tras la última modificación de la Ley Orgánica 1/2025, el Juez podrá, tras el auto en que decide sobre la prueba y las cuestiones procesales planteadas por las partes, ya sea a petición de parte o de oficio, no convocar a las partes a esta vista pudiendo dictar directamente sentencia (438.10 LEC). Como vemos, en el supuesto de procesos donde se ejercitan acciones colectivas de cesación, la ley exige que siempre habrá de celebrarse dicha vista.

La tramitación de estos procedimientos será preferente. La sentencia que se dicte será susceptible de recurso de apelación que también se quiere que se transmite de forma preferente. Finalmente, la sentencia de apelación según el apartado 6 del artículo 841, se considerará en todo caso recurrible en casación.

Respecto al recurso de casación tenemos que recordar que el artículo dieciséis[24] del Proyecto de Ley, modifica el artículo 477 para que estas sentencias tengan acceso a casación. Es verdad que el apartado del citado artículo es de una versión de la LEC anterior a la reforma de la casación operada por el Real Decreto Ley 5/2023, de 28 de junio. Está modificación tendría que adaptarse a la nueva redacción del artículo 477. Sin perjuicio de que se haga una previsión más ajustada a la redacción actual de este artículo tras la modificación del Real Decreto-Ley que hemos mencionado, se recoge en el apartado 4 de este artículo, como una característica de las sentencias que pueden ser recurridas en casación el denominado *"interés casacional notorio"*. Se podrá entender que *"existe este interés casacional notorio cuando la resolución impugnada se haya dictado en un proceso en el que la cuestión litigiosa sea de interés general para la interpretación uniforme de la ley estatal o autonómica"*. El propio apartado cuarto aclara que *"existirá interés general cuando la cuestión afecte potencial o efectivamente a un gran número de situaciones, bien en sí misma o por trascender del caso objeto del proceso"*. Teniendo en cuenta esta redacción si entendemos que las acciones colectivas de cesación se refieren a supuestos que afectan a un gran número de situaciones, parece

---

24 El artículo 16 del Proyecto de Ley de acciones colectivas para la protección y defensa de los derechos e intereses de los consumidores y usuarios, añade un nuevo numeral 4º, en el apartado dos del artículo 477 en los términos siguientes:
"4º Cuando se dictarán en procesos en que se hubieran ejercitado las acciones colectivas reguladas en el Título IV del Libro cuarto IV".
En el actual artículo 477 tras el Real decreto ley 5 2023 de 28 de junio, en su apartado segundo no tiene nada más que un párrafo por lo que habrá que acomodar esta previsión del mencionado artículo 16 a la nueva redacción.

claro que las sentencias dictadas ese tipo de acciones podrán estar dentro de lo que se puede entender por interés casacional notorio.

En este tipo de procesos podrá solicitarse como medida cautelar la cesación provisional de la conducta infractora. Esta solicitud se podrá pedir incluso antes de interponer la demanda, si se acreditan razones de urgencia y de necesidad, como previene el apartado 2 del artículo 730 de la LEC. El artículo 842 dispone que concurren razones de urgencia o necesidad si se acredita la actualidad de la conducta infractora. El tribunal podrá dispensar a la entidad habilitada de prestar caución cuando pida esta medida cautelar, atendiendo las circunstancias del caso, la entidad económica y la repercusión social de los distintos intereses afectados.

Finalmente, el artículo 843 dispone que en el caso de ejecución de sentencias estimatoria de una acción colectiva de cesación el tribunal podrá imponer multas coercitivas por cada día de retraso que podrá estilar entre seiscientos y sesenta mil.

2.3. Las acciones colectivas de resarcimiento

Como ya hemos apuntado más arriba para las acciones colectivas de cesación, para las acciones de resarcimiento, tampoco tenemos una previsión expresa en el Proyecto de Ley en la que se exige, para admitir la demanda, que previamente haya habido un intento de acuerdo. Como ya hemos apuntado anteriormente, no encontramos de forma expresa a las acciones colectivas resarcitorias en los supuestos del artículo 5 de la Ley Orgánica 1/2025, que introdujo, como norma general, en el proceso civil como requisito de admisibilidad de la demanda, haber intentado un acuerdo previo. Por tanto, salvo que se modifiqué en el proyecto, debemos entender que para ejercitar una demanda sobre acciones colectivas resarcitorias será preceptivo para la admisión de la demanda haber intentado un acuerdo.

El Proyecto de Ley sí regula la posibilidad de llegar a acuerdos, pero intraprocesales. Los acuerdos que regula una vez presentada la demanda pueden ser antes de la certificación de la acción o después de la certificación de la acción (la certificación de la acción es un trámite muy importante al que nos referiremos después). Si partimos de la necesidad de intentar un acuerdo antes de la demanda, podríamos extraer una serie de requisitos que deberían recoger para la validez de dichos acuerdos, Basándonos en los acuerdos de resarcimiento, regulados en el Proyecto de Ley relativos a los acuerdos de resarcimiento previos a que se haya certificado la acción.

En primer lugar, será fundamental que la entidad habilitada especifique en la solicitud de acuerdo, ya sea de forma individualizada o, si no es posible, estableciendo las características de los consumidores que van a verse afectados por el posible acuerdo.

En segundo lugar, el acuerdo no podrá ir contra normas imperativas o sujeto a condiciones que no puedan cumplirse. Tendrá que darse a los consumidores la oportunidad de vincularse o desvincularse del acuerdo. Por último, el acuerdo tendría que ser homologado por un tribunal. La homologación de acuerdos o transacciones extraprocesales no es obligatoria, pero en el supuesto de acciones resarcitorias teniendo en cuenta el objeto del proceso y su posible trascendencia creemos que debería ser preceptiva[25].

La demanda en la que se ejercita una acción colectiva resarcitoria deberá tener, además de los requisitos generales del artículo 399, las especialidades previstas en el nuevo artículo 844, como son: a) Hacer constar la conducta de la que se haya derivado el prejuicio cuyo resarcimiento se pretende; b) Identificación individualizada de los consumidores que habrán de verse afectados su razón colectiva. En el caso que no sea posible esta identificación establecer los requisitos y características que tendrán que tener los consumidores para poderse beneficiar de la sentencia; c) El nexo causal entre la conducta del empresario o profesional y el perjuicio sufrido por los consumidores; d) Existencia de homogeneidad entre las pretensiones de los consumidores; e) La concreta petición resarcitoria que se formula;

---

25 CASTILLEJOS MANZANARES, Raquel, El procedimiento de mediación en acciones colectivas, *En acciones colectivas (cuestiones actuales y perspectivas de futuro)*, ARMENTA DEU, Teresa y PEREIRA PUIGVERT, Silvia (coords.), Marcial Pons, Madrid, 2019, pág. 392. La citada autora al referirse transacción en materia de consumo entiende que: "*Además, ha de regularse como requisito imprescindible la aprobación judicial y ello a la vista de que en esencia las acciones creativas representan los intereses de muchos sujetos y, Es por ello, que los representantes puedan no coincidir con todos o alguno de ellos. Por ello el juez ha de aprobar el acuerdo buscando satisfacer un estándar justo, adecuado y suficiente*".

f) Exposición completa de las fuentes de financiación de la entidad habilitada, en especial, la existencia o no de un tercero financiador que tendrá que ser identificado.

Salvo que tenga algún defecto procesal de los recogidos en el artículo 403 de la LEC, el letrado admitirá la demanda y dispondrá su inscripción en el Registro de Condiciones Generales de la Contratación y de Acciones Colectivas. El demandado dispondrá de 20 días desde el traslado de la admisión de la demanda, para poner de manifiesto la falta de jurisdicción o de competencia del tribunal y ausencia de algún presupuesto o la existencia de algún óbice procesal. En este escrito también podrá alegar la carencia de la parte demandante de los requisitos necesarios para ser designada como entidad habilitada, así como podrá hacer alegaciones y aportar prueba sobre los extremos del art. 846.2, relativos a la certificación de la acción a la que nos referiremos más adelante. El demandante tendrá, en este caso, un plazo de 15 días para alegar lo que estime oportuno en relación con los extremos manifestados por el demandado.

El letrado tras la admisión de la demanda convocará a las partes a la audiencia de certificación que tendrá lugar no antes de dos meses ni más tarde de cuatro meses desde la convocatoria.

2.3.1. La audiencia de certificación

La audiencia de certificación es un trámite que no estaba previsto anteriormente en la LEC y proviene de la regulación americana de las acciones de clase. En la *Federal Rule of Civil Procedure*, en su regla 23, se dispone que antes de decidir sobre la procedencia de la reclamación, debe determinarse por el tribunal si existen los elementos suficientes para que la reclamación iniciada pueda someterse al régimen de acciones de clase. Este examen de la existencia o no de los requisitos necesarios para poder tramitar la reclamación se lleva a cabo a través de un procedimiento incidental denominado *certification of the class action*[26]. Los presupuestos señalados en la regla 23 de *las Federal Rule of Civil Procedure son*[27]: *a) numerosity,* que se refiere a que la clase es tan numerosa que la personación de todos sus miembros es impracticable.; *b) commonality,* se refiere a que se dan cuestiones de hecho o de derecho comunes a la clase; *c) tipicality,* que se refiere a que las pretensiones o defensas de quienes actúan como partes representativas se corresponden con las pretensiones y defensas típicas de la clase.

En la regulación introducida por el Proyecto de Ley se prevé un trámite de certificación que se regula en el nuevo artículo 846. El día señalado tendrá lugar la audiencia de certificación de la acción que comenzará con el examen de las alegaciones de falta de requisitos procesales o la existencia de algún obstáculo que impida la válida prosecución del proceso, también en este momento inicial de la audiencia se examinarán las alegaciones formuladas por el demandado sobre la falta de requisitos de la parte actora para su designación como entidad habilitada.

Estas cuestiones tendrán que ser resueltas por el tribunal antes de proseguir con la audiencia. No obstante, el propio artículo 846 permite diferir esta decisión al final de la audiencia atendiendo a la complejidad y a la necesidad de tener en cuenta más hechos y pruebas. Si el tribunal estimará alguna de estas cuestiones dictará auto ordenando el sobreseimiento del proceso y no se pronunciará sobre la certificación.

En el supuesto en que se ejercitaran acumuladas una acción colectiva de cesación y otra de resarcimiento, será en esta audiencia donde el tribunal, si lo estima oportuno, podrá ordenar la desacumulación de las acciones a que se refiere el artículo 833.1. En tal caso, ordenará la suspensión de la tramitación de la acción colectiva resarcitoria, hasta que se decida sobre la acción de cesación.

Resuelto todo lo anterior, si se hubiere planteado, la audiencia continuará con la finalidad de que el tribunal decida si resulta apropiado el ejercicio de la acción colectiva resarcitoria, y cuál es su ámbito subjetivo y objetivo. También se decidirá lo procedente sobre la financiación de la entidad habilitada y, en su caso, de la participación de un tercero financiador. La audiencia se desarrollará conforme a lo dispuesto en el artículo 443. En caso de que a esta audiencia no acudiera ninguna de las partes o sólo acudiera el demandado, el tribunal ordenará el sobreseimiento

---

26 FERRERES COMELLA, Alejandro, Las acciones de clase ("class actions") en la Ley de Enjuiciamiento Civil, *Actualidad Jurídica Uría y Menéndez*, Nº 11-2005, pág. 40.

27 LÓPEZ SÁNCHEZ, Javier, *El sistema de las class actions en los Estados Unidos de América*, Comares, 2011, Granada, págs., 19 y 20.

y el archivo de las actuaciones. Si fuera el demandado el que no acudirá a la audiencia se tendrá con el actor en todo lo que fuera procedente.

El tribunal solo podrá certificar la acción si se acredita la existencia de homogeneidad entre las pretensiones de los consumidores afectados por la conducta que ha provocado la interposición de la demanda. Se podrá entender que hay homogeneidad cuando de acuerdo a la norma aplicable, resulte posible determinar la concurrencia de la conducta infractora, el daño colectivo cuyo resarcimiento se solicite y el nexo causal entre ambos sin necesidad de tomar en consideración aspectos prácticos o jurídicos que sean particulares a cada uno de los consumidores y usuarios afectados por la acción.

2.3.2. Auto de certificación

Los puntos que tendrá que decidir el tribunal en el auto de certificación de la acción según los artículos 848, 449 y 850 son:

a. La conducta infractora a la que tendrá que ceñirse la acción colectiva resarcitoria.

b. Los consumidores y usuarios se verán afectados por la acción. En este caso, el tribunal realizará, si es posible, una identificación individualizada de estos consumidores, y en el caso de no ser posible tendrá que establecer las características y requisitos que deban cumplir para considerarse beneficiados por la sentencia estimatoria.

c. Plazos dentro de los cuales los consumidores tendrán que manifestar su voluntad expresa de desvinculación, o en los casos específicos que prevé la ley, manifestar su voluntad de que sí les afecte la sentencia que se dicte. El plazo señalado por el tribunal para que los consumidores manifiesten su voluntad no podrá ser inferior a 2 meses ni superior a 6 a contar desde que se publique el auto de certificación en el Registro de Condiciones Generales de Contratación y de Acciones Colectivas.

d. El tribunal encomendará en el auto de certificación, a la entidad demandante la puesta en funcionamiento de una plataforma electrónica para que los consumidores puedan manifestar su voluntad en los términos que hemos visto en el apartado anterior. Esta plataforma electrónica tendrá que estar operativa desde la publicación del auto de certificación, hasta que haya concluido, en su caso, la ejecución de la sentencia en los términos recogidos en el artículo 874.2. La entidad demandante, con la supervisión del tribunal, podrá gestionar indirectamente la plataforma electrónica a través del Colegio de Procuradores del lugar donde esté pendiente el proceso.

e. Tendrá que pronunciarse sobre la financiación del proceso por un tercero.

En cuanto al modelo de vinculación o desvinculación que se regula en el proyecto de ley podemos distinguir lo siguiente: la norma general que se prevé en la regulación es el sistema de opt out, es decir, la sentencia afectará a todos los consumidores incluidos dentro de la acción, salvo que muestren su voluntad de desvincularse en los plazos que hemos comentado más arriba. También, prevé supuestos en los que se va a aplicar el sistema opt in, es decir, la sentencia solo afectará a aquellos consumidores que de forma expresa hayan manifestado su voluntad de formar parte de la acción. Este sistema de *opt in,* se regula para los siguientes casos: a) Cuando los consumidores afectados tuvieran su residencia habitual fuera del territorio español tendrán que manifestar su voluntad expresa de vincularse a la acción para que ésta les pueda afectar; b) Cuando el tribunal acuerde que solo habrán de quedar afectados por la acción colectiva resarcitoria los consumidores que hayan manifestado de forma expresa su voluntad de vincularse por aquella. Esta decisión solo la podrá tomar el tribunal atendiendo a las especiales circunstancias del caso, y cuando el valor de la prestación solicitada como resarcimiento para cada beneficiario supere los 3000 euros.

En el auto de certificación de la acción el tribunal se pronunciará sobre la financiación del proceso por un tercero. La regulación que se hace de este tema en el artículo 850 de la LEC en el Proyecto de Ley, mantiene la posición desconfiada y poco proclive al tercero financiador en los mismos términos que prevé el artículo 10 de la Directiva. El tribunal rechazará la financiación del tercero si entiende que existe conflicto de intereses. Se producirá, dicho conflicto de intereses cuando el demandado sea un competidor del financiador o un empresario o profesional del que dependa el financiador. También se considera conflicto de intereses cuando el tercero pueda influir en las decisiones de la entidad habilitada, incluidos los acuerdos a los que se pueden llegar, si se puede entender que estos acuerdos pueden resultar perjudiciales para los intereses colectivos de los consumidores y usuarios afectados. Para que el tribunal pueda decidir sobre la financiación con la mayor solvencia, el Proyecto de Ley establece que el tribunal podrá solicitar al demandante la aportación del contrato de financiación. La aportación de este contrato se realizará en una comparecencia a la que se citará a todas las partes y al financiador. El apartado quinto del artículo 850, prevé que en dicho contrato se pueden encontrar información confidencial y permite que el tribunal pueda utilizar los recursos previstos en el artículo 283 bis b), para proteger dicha información.

Si el tribunal aprecia la existencia de conflicto de intereses requerirá a la entidad demandante para que renuncie a la financiación del tercero o la modifique, en un plazo que no podrá ser superior a un mes. Pasado este plazo si no se renuncia o modifica la financiación, el tribunal dictará auto de sobreseimiento. No obstante, si la entidad renuncia a ese tercero, pero presenta otro financiador respecto del cual no hay conflicto de intereses, podrá continuar el proceso.

2.3.3. Pronunciamientos sucesivos

Una decisión que también se va a tomar en el auto de certificación es ordenar que el procedimiento se plantee con pronunciamientos sucesivos en la forma establecida en el art. 863. Así, si se ejercita una acción colectiva resarcitoria en la que se solicita la condena al pago de cantidades de dinero, el tribunal podrá ordenar, si lo solicitan las partes o si lo considera adecuado para una buena administración de justicia, que se plantee el procedimiento con pronunciamientos sucesivos. Esta medida pretende servir de mecanismo de agilización de las acciones colectivas resarcitorias, para que así los consumidores encuentren una rápida satisfacción de sus pretensiones al obtener fácilmente la Indemnización[28]. El tribunal podrá ordenar en el auto de certificación que la contestación a la demanda y el juicio se ciñan exclusivamente a la realización de alegaciones y la práctica de pruebas acerca la responsabilidad del demandado en relación con la conducta infractora a que se refiere la acción colectiva resarcitoria. Una vez se abra el juicio, el tribunal resolverá exclusivamente sobre la responsabilidad del demandado declarándola o rechazándola.

Si la sentencia que se dicte rechaza la responsabilidad del demandado será recurrible en apelación y tramitada de forma proferente. La sentencia que, a su vez se dicte, será recurrible en todo caso en casación.

Si la sentencia que se dicte declara la responsabilidad del demandado no será recurrible directamente en apelación. Sólo podrán ser impugnados los pronunciamientos de esta sentencia con motivo de recurrir la futura sentencia donde el tribunal resuelva sobre el importe de las cantidades que se han de abonar, como veremos más adelante. En la sentencia donde se declare la responsabilidad del demandado, se requerirá al demandante para que, en un plazo máximo de 2 meses, presente un escrito dónde establecer las cantidades a que tengan derecho los beneficiarios de la acción colectiva. Este escrito tendrá que acompañarse de los documentos y dictámenes que sean pertinentes. Presentado el citado escrito por el demandante se dará traslado a la parte demandada que dispondrá de 2 meses para realizar sus alegaciones y presentar documentos y dictámenes que estime oportuno. Al terminar ese plazo el tribunal convocará a las partes a una vista que no habrá de celebrarse ni antes de 10 ni más tarde de 30 días, con el objeto único de que se practiquen las pruebas pertinentes para determinar las cantidades a que tengan derecho los beneficiarios de la acción colectiva. La vista se tramitará en la forma establecida en el artículo 443.

Al término de la vista, el tribunal dictará nueva sentencia en los términos generales que veremos más adelante. Esa sentencia será igualmente recurrida en apelación y, en todo caso en casación. Como hemos comentado, en esta última sentencia es donde se podrán recurrir, además de los pronunciamientos sobre las cantidades a abonar, la propia decisión que declare la responsabilidad del demandado que inicialmente no se pudo recurrir. Como podemos ver, lo que regula el Proyecto de Ley en este supuesto es separar la decisión declarativa de responsabilidad del demandado, de la discusión y fallo sobre las cantidades a abonar.

---

28   ARIZA COLMENAREJO, M.ª Jesús., Op., Cit., pág. 9.

Volviendo al auto de certificación, una vez dictado, quedará en suspenso el curso de las actuaciones hasta que finalice el plazo del artículo 848 para que las partes manifiesten su voluntad de vinculación o desvinculación[29].

El auto de certificación de la acción se publicará en el Registro de Condiciones Generales de la Contratación y de Acciones Colectivas. En este auto el tribunal establecerá los cauces para que su contenido y la plataforma electrónica a la que se refiere el artículo 849 lleguen a ser conocidas de forma efectiva por los consumidores y usuarios afectados. Cuando sea posible la comunicación a los consumidores será de forma individualizada, por cualquier medio que permita acreditar su entrega. Cuando no sea posible realizar la comunicación de forma individualizada, el tribunal acordará que se proceda a la publicación en medios de comunicación en un ámbito geográfico en el que puede presumirse que los consumidores tienen su residencia habitual. En estas comunicaciones el tribunal expresará de forma clara tanto la forma como el plazo en el que los consumidores tendrán que manifestar su voluntad, bien para desvincularse de la acción o, en su caso, manifestar su voluntad de vincularse al resultado de la acción. La manifestación de voluntad a la que nos hemos referido se realizará en la plataforma electrónica que regula el artículo 849.

2.3.4. Efectos del auto de certificación sobre acciones individuales

Podemos plantearnos cómo afecta el auto de certificación en procesos en que se ejercitan acciones individuales de resarcimiento al mismo tiempo que se comience a tramitar una acción colectiva resarcitoria.

Así, cuando se hubiere iniciado una acción resarcitoria individual cuyo objeto esté comprendido en el auto de certificación, el tribunal que esté conociendo de este proceso, de oficio o a instancia del demandado, pondrá en conocimiento de los demandantes dicho auto de certificación y les requerirá para que en un plazo de 10 días manifiesten su voluntad de vincularse a la acción colectiva. El tribunal al hacer el requerimiento ordenará la suspensión del proceso. Si la parte demandante manifiesta su voluntad de vincularse a la acción colectiva, el tribunal sobreseerá el proceso. En caso de que el demandante manifieste su rechazo a vincularse por la acción colectiva o no respondiera al requerimiento el tribunal alzará la suspensión ordenará que el proceso continúe. El tribunal remitirá esta resolución al tribunal ante el que se sustancia la acción colectiva para que quede constancia, a efectos de confeccionar la lista, de los consumidores que se han desvinculado de la acción, al que se refiere el artículo 857.

En los mismos términos regula la ley para el caso en que un consumidor ha formulado una reclamación cuyo objeto está comprendido en el auto de certificación, ante una entidad de resolución alternativa de litigios de consumo. En este caso la entidad también comunicará el auto al reclamante y le requerirá por plazo de 10 días para que exprese su voluntad de vincularse a la acción colectiva. Si la respuesta del consumidor es negativa o no contestan la entidad dejará constancia del rechazo entonces consumidor a vincularse a la acción y comunicará esta decisión al tribunal que esté tramitando la acción colectiva, afectos de confeccionar la lista a la que nos hemos referido anteriormente.

Según el art. 853, en caso de que dentro del plazo que prevé el apartado quinto del artículo 848 para que los consumidores manifestaron su voluntad de desvincularse o, en su caso, vincularse a la acción, se interpusiera una demanda ejercitando una acción individual cuyo objeto este comprendido en el auto de certificación. Este comportamiento equivaldrá a la expresión de la voluntad de no verse vinculado por la acción colectiva. El mismo efecto se produce si un consumidor interpone una reclamación, dentro del plazo antes mencionado, iniciando un procedimiento de resolución alternativa de litigios de consumo que allá de concluidos por resolución vinculante. No obstante, tanto el tribunal como la entidad de resolución alternativa de conflictos de consumo, podrán comunicar al demandante o reclamante de la existencia del proceso en el que se ejercita la acción colectiva resarcitoria para que manifiesten su voluntad de vincularse a la acción. A este respecto se llevará a cabo con los plazos y la forma que ya hemos comentado más arriba.

Transcurrido el plazo que regula el apartado quinto del artículo 848, no podrán ejercitarse acciones resarcitorias individuales cuyo objeto esté incluido en el auto de certificación. Si se interpusiera demanda incumpliendo

---

29   Recordemos que el artículo 848.5 prevé un plazo que no será inferior a 2 meses ni superior a 6, para que los consumidores manifiesten su voluntad de desvincularse de la acción o de vincularse, en caso de que lo haya decidido así el tribunal o, en el supuesto de los consumidores que no tengan su residencia habitual en el Estado miembro donde se tramita la acción.

la prohibición anterior, el tribunal no admitirá la demanda. Los mismos efectos se producirán si se interpone, transcurrido el plazo anterior, una reclamación a través de un procedimiento de resolución alternativa de litigios de consumo que deba terminar por una decisión vinculante.

En el supuesto de que se denegara la certificación de la acción colectiva resarcitoria, el auto que lo disponga se publicará en el Registro de Condiciones Generales de la Contratación y Acciones Colectivas. El tribunal ordenará a la entidad habilitada demandante que informe a los consumidores afectados por la denegación. Una vez sea firme el auto denegando la certificación de la acción, no será admisible otra acción colectiva resarcitoria que tenga el mismo objeto que aquella cuya certificación se denegó, aunque la demanda la interponga una entidad habilitada diferente.

2.3.5. Actos posteriores a la certificación

Una vez dictado el auto que certifica la acción colectiva resarcitoria, tendrá que ser publicado en el Registro de Condiciones Generales de la Contratación y Acciones Colectivas, como ya hemos explicado, y el tribunal comunicará este auto a los consumidores afectados. Recordemos que según el artículo 851 esta comunicación se realizará de forma individualizada si fuera posible, si no lo fuera el tribunal acordará su publicación en medios de comunicación de un ámbito geográfico donde se presuma que puede haber consumidores. En esta notificación expresará la forma y procedimiento para inscribirse en la plataforma electrónica y el plazo para manifestar su vinculación o desvinculación de la acción. De acuerdo con el apartado quinto del artículo 849 este plazo no puede ser inferior a dos meses ni superior a 6. Terminado este plazo la manifestación de voluntad será irrevocable.

Terminado este plazo el tribunal confeccionará una lista con todos aquellos consumidores que han manifestado su voluntad de desvincularse de la acción. En esta lista también habrá que incluir los consumidores que han ejercitado una acción individual o han presentado una reclamación alternativa de conflictos de consumo que tenga que terminar por resolución vinculante. No obstante, si excepcionalmente, el tribunal decide aplicar el sistema opt in[30], y por tanto, la sentencia solo afectará a los consumidores que de forma expresa manifiesten su voluntad de vincularse a la acción, la lista, en este caso, sólo incluirá a los consumidores que hayan manifestado su voluntad en este sentido.

Los consumidores que no tienen su residencia habitual en España Tendrán que manifestar su voluntad expresa de vinculación a la acción para que les pueda afectar. En este sentido, tendrán que estar en la lista correspondiente.

De esta relación de consumidores se dará traslado al demandado para que en el plazo de un mes pueda realizar alegaciones y aportar documentos que considere oportunos. En caso de que el demandado se oponga a esta relación, el demandante tendrá un plazo de 5 días para hacer alegaciones y aportar documentos. Tras oír, en su caso, al demandado, el tribunal aprobará la relación de consumidores por medio de auto, frente al cual solo se podrá interponer recurso de reposición, sin perjuicio de reproducir esta falta cuando se recurra en apelación de la sentencia.

Tras la aprobación de la relación de consumidores, el tribunal dará un plazo de 2 meses al demandado para contestar a la demanda. En ella podrá alegar todas las excepciones materiales que tuviera por conveniente. No será el momento de alegar excepciones procesales, ya que el demandado tuvo posibilidad de alegarlas en un escrito que tuvo que presentar tras la admisión de la demanda según establece el artículo 845. En la contestación a la demanda, el demandado habrá de negar o admitir los hechos aducidos por el actor. El artículo 858.1, prevé que los silencios o las respuestas evasivas podrán ser entendidas por el tribunal, como admisión tácita respecto de los hechos que le sean perjudiciales. Admitida a trámite la contestación se concederá un plazo de 20 días a las partes para la proposición de prueba. En este plazo se podrá anunciar la presentación de documentos e informes cuya necesidad y pertinencia se haya puesto de manifiesto con posterioridad a la demanda y a la contestación. El tribunal admitirá la prueba por

---

30   Recordemos que en el artículo 849.4 el tribunal, si lo estima oportuno, y para una mejor administración de Justicia, podrá acordar que solo queden afectados por la sentencia los consumidores que manifiesten su voluntad expresa de vincularse a la acción. Esto solo se podrá ordenar por el juez cuando la cantidad reclamada o, el valor de la prestación solicitada como resarcimiento para cada beneficiario supere los 3000 euros.

auto solo recurrible en reposición. En el mismo auto se señalará fecha para el juicio que se desarrollará de acuerdo a lo previsto en los artículos 430 a 433.

Las partes podrán aportar como prueba de la existencia de una conducta infractora, resoluciones firmes de otros órganos jurisdiccionales o autoridades administrativas, incluyendo resoluciones firmes de órganos jurisdiccionales y autoridades administrativas de cualquier Estado miembro de la Unión Europea, siempre que se refiera a la misma conducta y al mismo empresario o profesional. En este tipo de resoluciones de autoridades administrativas podríamos incluir decisiones de la Comisión Nacional de los Mercados y de la Competencia sobre conductas infractoras de Derecho de competencia que puedan afectar a los consumidores.

2.3.6. La sentencia

La sentencia que se dicte con motivo de ejercitar una acción colectiva resarcitoria, además de seguir las reglas generales de toda sentencia reguladas en el Capítulo VIII del Título V del Libro I, tendrá que recoger lo establecido en el artículo 860 que comentamos a continuación. En primer lugar, tendrá que determinar los consumidores y usuarios afectados por la sentencia teniendo en cuenta el auto de certificación y, el auto que aprobó la relación de consumidores y usuarios que manifestaron su voluntad de desvincularse de la acción, regulado en el artículo 857. En segundo lugar, si se ha condenado al pago de una cantidad de dinero, tendrá que determinar la cuantía que corresponde a cada uno de los consumidores y usuarios de forma específica o, a cada una de las diversas categorías en la que estos se agrupen.

Además, el tribunal en la sentencia establecerá el plazo dentro del cual el demandado tendrá que proceder al pago directo de cada uno de los afectados e impondrá una multa que oscilará entre 600 a 60000 euros por cada día de retraso en cumplir. Aunque no se refiere el proyecto de ley a estas multas como coercitivas, si podemos entender que esta es la naturaleza jurídica de las mismas. La cantidad mayor o menor podrá ser determinada por el juez en función del número de beneficiarios, la capacidad económica del condenado y los perjuicios económicos ocasionados. La sentencia también establecerá las actuaciones que tendrán que realizar los consumidores para que se les haga efectivo el pago y el plazo para ello.

En el caso de que no resulte determinable el número de consumidores que pueden beneficiarse de la condena, se fijará la cantidad en que, según las estimaciones, se puede cifrar la suma máxima de las cantidades que deben abonarse a dichos consumidores y usuarios. También se establecerá el plazo dentro del cual el demandado tendrá que consignar la cantidad de dinero a la que nos estamos refiriendo. Para forzar el posible cumplimiento por parte del demandado se podrán fijar unas multas coercitivas en los mismos términos que hemos comentado anteriormente, es decir, multas entre 600 a 60.000 euros por día de retraso.

Una vez entregada la suma por el demandado para repartir entre los consumidores cuando no están determinados, se nombrará a un liquidador en los términos del artículo 877.1 que veremos más adelante. El liquidador podrá solicitar el aumento de la cantidad a la que nos hemos referido anteriormente, si se pone de manifiesto que es insuficiente. En este caso el solicitante habrá de justificar las razones del incremento y la cuantía de dicho incremento. El tribunal convocará a una comparecencia, que se desarrollará en los términos previstos en el artículo 443, al demandado y a la entidad habilitada. Este incidente terminará por auto que será recurrible en apelación.

Si la sentencia resarcitoria condena a un comportamiento que no sea sólo entregar una cantidad de dinero, se establecerá: en primer lugar, el plazo y la forma en que el condenado habrá de dar cumplimiento a dichas prestaciones; en segundo lugar, las actuaciones que deben llevar a cabo los consumidores y usuarios para que hagan efectivas las medidas de resarcimiento a que tenga derecho, así como el plazo para realizarlas. En previsión del incumplimiento de esas prestaciones se regula la imposición de multas, que nosotros hemos calificado de coercitivas, en idénticos términos a los que ya hemos visto. En la misma resolución se pronunciará sobre las costas en los términos establecidos de forma general, en el artículo 394.

Esta sentencia será recurrible en apelación tramitándose de forma preferente. La que resuelva la apelación será en todo caso recurrible en casación.

En caso de que la sentencia sea estimatoria de la acción resarcitoria se acordará que se publique total o parcialmente a cargo del demandado. El tribunal podrá también ordenar, si fuera posible, que el demandado informe de forma individualizada a los consumidores afectados, en especial aquellos que se puedan encontrar en situación de vulnerabilidad. En la comunicación que se les haga habrá de constar con claridad las actuaciones que deben llevar a cabo los consumidores para hacer efectivas los pronunciamientos resarcitorios.

Si fuera desestimatoria de la acción colectiva, el tribunal ordenará a la entidad habilitada demandante que proceda a dar publicidad a dicha sentencia en los términos que sean necesarios para que sean conocidos por todos los consumidores.

En cuanto a la cosa juzgada de la sentencia firme se extenderá a los consumidores y usuarios en los siguientes términos:

1. Afectará a todos los consumidores y usuarios a los que se refiera el auto de certificación aunque no estén identificados de manera individualizada. Esta será la tónica general que regula el Proyecto de Ley y que manifiesta la aplicación del modelo opt out.

2. También, afectará a todos los consumidores y usuarios residentes fuera del territorio español, que hayan expresado su voluntad de verse afectados por el resultado de la acción.

3. Por último, de forma excepcional, si se ha decidido no aplicar el sistema opt out, que como hemos comentado anteriormente sería el modelo normal que se prevé en el Proyecto de Ley. Si el tribunal se decanta por el sistema opt in, determinaría que sólo quedarán afectados por la acción aquellos consumidores que hayan manifestado su voluntad expresa de vincularse a ella. Como prevé el artículo 848.3, el tribunal solo podrá tomar esta decisión cuando atendida las circunstancias del caso concreto, resulte necesario para la mejor administración de justicia, y siempre, que la cantidad reclamada o el valor de la prestación solicitada a cada beneficiario supere los 3.000 euros.

2.3.7. Acuerdos de resarcimiento

El Proyecto de Ley regula la posibilidad de que las partes lleguen a un acuerdo de resarcimiento en los artículos 864 a 872. Se prevé que las partes lleguen a este acuerdo bien antes de la certificación de la acción o bien después. No se regula de forma expresa, como ya hemos comentado, que las partes deban intentar llegar a un acuerdo antes de interponer la demanda. Por tanto, nos referiremos en este apartado a los acuerdos a los que se pueden llegar una vez iniciado el proceso.

A) Acuerdos adoptados antes de la certificación de la acción

Para los acuerdos previos a la certificación de la acción, habrá de especificarse los consumidores que habrán de verse afectados por él, ya sea de forma individualizada, ya sea estableciendo las características y requisitos necesarios para poder beneficiarse de dicho acuerdo.

En cuanto a los requisitos para que se homologue el acuerdo, será necesario que el tribunal verifiqué los siguientes elementos:

a) Que el acuerdo no sea lesivo a los derechos e intereses de los consumidores, ni contrario a normas imperativas, ni, tampoco, sujeto a condiciones que no se puedan cumplir. Para valorar la lesividad o no del acuerdo el tribunal deberá tener en cuenta: el importe de las indemnizaciones; el contenido de otras medidas resarcitorias propuestas; el grado de dificultad para que los consumidores y usuarios puedan acceder a las medidas pactadas; importe de las sumas corresponden al tercero financiador; la retribución al representante y al defensor de la entidad habilitada demandante. El tribunal podrá recabar de las partes y de terceros información y documentos para determinar si el acuerdo puede ser homologado.

b) Como todavía no se ha producido la certificación, el tribunal tendrá que verificar que se dan los requisitos de los que dependería la certificación de la acción colectiva resarcitoria; o, en caso contrario, que no se dan los óbices que podrían impedir la certificación. Por ejemplo, se debería valorar la falta de homogeneidad entre las pretensiones de los consumidores.

El tribunal podrá convocar a las partes a una comparecencia para verificar los extremos que acabamos de explicar.

En el auto que homologa el acuerdo realizado antes de la certificación se van a tener que decidir por el tribunal, cuestiones que deberían de incluirse en el auto de certificación que no se ha dictado. Por tanto, se tendrá que entrar a decidir cuestiones como:

a) El plazo en el que los consumidores y usuarios que no quieran estar afectados por el acuerdo tendrán que manifestar su voluntad de desvinculación o, en su caso, su voluntad de vinculación al acuerdo al que sea ha llegado. En este último supuesto, al igual que sucede en el artículo 848, tendrán que manifestar su voluntad de que les afecte el acuerdo, los consumidores que tengan su residencia habitual fuera de España, y, también, en el caso de que el tribunal ordene que sólo pueden quedar vinculados por el acuerdo los consumidores que, de forma expresa manifiesten su deseo de someterse al mismo. Esta decisión sólo podrá ser tomada por el tribunal en atención a las circunstancias del caso y, si la cantidad reclamada, o el valor de la prestación reclamada en la demanda excede de 3000 euros. El plazo para manifestar la voluntad a la que nos referimos es igual que el establecido en el artículo 848.5, así pues, no podrá ser inferior a dos meses ni superiora seis.

b) El tribunal ordenará a la entidad habilitada la puesta en marcha de una plataforma electrónica, donde los consumidores pueden manifestar su voluntad.

c) En el mismo auto de homologación del acuerdo se determinarán los cauces para informar a los consumidores del acuerdo y de la existencia de la plataforma electrónica. Esta información se llevará a cabo de forma individualizada, y, si no fuera posible, a través de medios de comunicación. El tribunal, también, encomendará a la entidad habilitada la inscripción del auto en el Registro General de Condiciones Generales de la Contratación, al igual que se regula en el artículo 851 para el auto de certificación.

En el acuerdo se establecerá que parte o partes hacen frente a los gastos generados por la actividad que acabamos de explicar: creación plataforma electrónica, información a los consumidores.

Si finalmente, el tribunal deniega la homologación, mandará que el proceso siga adelante. Frente al auto que se dicte cabrá recurso de apelación que se tramitará con carácter preferente y tendrá efectos suspensivos.

Una vez dictado el auto de homologación del acuerdo el curso de las actuaciones quedará en suspenso. La suspensión continuará hasta que termine el plazo dado para que los consumidores que hayan de verse afectados manifiesten su voluntad de desvincularse, o cuando proceda, de quedar vinculados. Una vez terminado dicho plazo la entidad demandante presentará al tribunal una relación de consumidores que han expresado la voluntad de desvincularse del acuerdo o en su caso de vincularse al mismo. Esta relación se pondrá de manifiesto al demandado en los términos previstos en el artículo 857. Finalmente, el tribunal dictará un auto aprobando la relación de consumidores y usuarios, que será susceptible de recurso de apelación. Firme el auto en el que se aprueba la mencionada relación de consumidores se sobreseerán las actuaciones, sin imposición de costas a ninguna de las partes.

En cuanto a la eficacia del auto que homologa un acuerdo de resarcimiento antes de la certificación, tenemos que decir que, como norma general, será vinculante para las partes y los consumidores que no hayan manifestado su voluntad de desvincularse del acuerdo. También estarán vinculados aquellos consumidores que tengan su residencia habitual fuera de España y que hubieran manifestado de forma expresa su deseo de adherirse al él. No obstante, si el tribunal acordó, al homologar el acuerdo, que solo afectaría a los consumidores que de forma expresa se adhieran al acuerdo en los términos previstos en el apartado primero del artículo 869, el acuerdo solo podrá vincular a estos.

B) Acuerdos adoptados tras la certificación de la acción

Tras la certificación de la acción, el Proyecto de Ley dispone que la entidad habilitada y la empresa demandada podrán, de mutuo acuerdo, solicitar al tribunal su homologación. El tribunal, por su parte, podrá proponer a las partes que lleguen a un acuerdo de resarcimiento, ofreciendo la posibilidad de suspensión del proceso durante un periodo máximo de 3 meses.

La solicitud de homologación tendrá que expresar, si es posible, la cantidad que deba pagarse a cada beneficiario o a cada categoría de beneficiario, que se haya establecido en el acuerdo. Asimismo si es posible se expresará el importe total que habrá de abonarse como indemnización, así como los criterios y el procedimiento para distribuirlo entre los consumidores y usuarios afectados.

Sí las medidas resarcitorias adoptadas no tuvieran como objeto la entrega de dinero, y se expresará igualmente su contenido y el modo en que los consumidores y usuarios podrán beneficiarse o acceder a ellas.

Finalmente, las partes tendrán que exponer, de manera sucinta, los motivos por los que consideran que el acuerdo es justo y razonable.

Los requisitos para que el tribunal homologue el acuerdo se regulan en el artículo 865 apartados 1,2 y 3, y tienen el mismo contenido que ya hemos explicado para la homologación de acuerdos previos a la certificación de la acción[31]. Es decir, se homologará salvo que el acuerdo sea indebidamente lesivo a los derechos e intereses de los consumidores y usuarios, o sea contrario a normas imperativas, o esté sujeto a condiciones que no puedan cumplirse.

Si el tribunal entiende que el acuerdo presentado no puede ser homologado lo advertirá a las partes y las convocará a una audiencia en el plazo de 10 días. En ella se podrá alegar y probar lo que estimen por conveniente, así como reformular el acuerdo para que pueda ser homologado por el tribunal.

Si finalmente, el tribunal deniega la homologación, mandará que el proceso siga adelante. Frente al auto que se dicte cabrá recurso de apelación que se tramitará con carácter preferente y tendrá efectos suspensivos.

Si el tribunal homologa el acuerdo de resarcimiento antes de que finalice el plazo del artículo 848.5 para que las partes manifiesten su voluntad de vincularse, o no a la acción, acordará detener el proceso hasta que dicho plazo termine. Una vez que haya concluido el plazo se ordenará continuar el proceso para confeccionar la relación de consumidores que se habrán desvinculado o, que hayan manifestado su deseo de que les afecte el acuerdo, en los términos que regula el artículo 857. Firme el auto en el que se aprueba la mencionada relación de consumidores, mandará el tribunal poner fin al proceso y sin imposición de costas a ninguna de las partes.

El acuerdo de resarcimiento que haya sido homologado tras la certificación de la acción, vinculará a todos los consumidores que no hayan manifestado su deseo de que no les afecte. A los consumidores que residan fuera de España sólo les afectará a los que manifestaron su voluntad expresa de vincularse a la acción colectiva. Si el tribunal certificó la acción colectiva acordando, excepcionalmente, que la acción sólo afectará a los consumidores que manifiesten su voluntad expresa de vincularse a la acción con los límites del artículo 848.3, el acuerdo sólo afectará a estos[32].

Una vez homologado judicialmente el acuerdo resarcitorio, si se presenta una demanda en la que se ejercita una acción colectiva resarcitoria con el mismo objeto que aquel proceso al que se le puso fin por el referido acuerdo, dicha demanda será inadmitida, aunque la entidad habilitada demandante sea otra distinta.

El auto que homologa una transacción no tiene efectos de cosa juzgada[33]. Como afirma Cortes Domínguez[34], la transacción, *"es un negocio jurídico que tiene eficacia material, determina sólo y exclusivamente las relaciones jurídicas interpartes, eficacia que nada tiene que ver con la de la cosa juzgada"*.

La transacción tiene eficacia interpartes, en este caso, aunque la parte formal sea la entidad habilitada y el empresario o profesional demandado, los efectos se extienden a los consumidores en cuyo beneficio ha actuado la entidad demandante.

El acuerdo podrá establecer un procedimiento que deba seguirse para el caso en el que tras la homologación aparezcan nuevos daños, y sean éstos previsibles o no, según establece el art. 866.3. Si el acuerdo no establece ningún procedimiento, los nuevos daños estarán excluidos del acuerdo y no vincularán a los consumidores afectados.

---

31 El artículo 868 apartado primero a), que regula la homologación de acuerdos previos a la certificación de la acción, se remite al artículo 865 aparados 1,2 y 3, que se refiere a la homologación de acuerdos tras el auto de certificación de la acción. Por tanto, los requisitos de homologación en ambos casos son, sustancialmente, los mismos.

32 Los límites que regula el aparado tercero del artículo 848, se refieren a que: "*El tribunal solo podrá tomar esta decisión cuando, atendidas las circunstancias del caso concreto, resulte necesaria para una mejor administración de justicia, siempre que la cantidad reclamada o el valor de la prestación solicitada como resarcimiento para cada beneficiario supere los 3000 euros*".

33 ARMENTA DEU, Teresa, *Lecciones de Derecho Procesal Civil*, Marcial Pons, Madrid, 2024, pág. 268.

34 CORTÉS DOMÍNGUEZ, Valentín con MORENO CATENA, Víctor, *Derecho Procesal Civil. Parte General*, Tirant lo Blanch, Valencia, 2024, pág. 347.

El apartado cuarto del art. 866, deja claro que la celebración de un acuerdo resarcitorio y su homologación judicial no supondrán, en modo alguno, reconocimiento de responsabilidad o culpabilidad por el empresario o profesional demandado.

2.3.8. Efectos de la homologación del acuerdo respecto de procesos en que se ejerciten acciones individuales y sobre los procedimientos de resolución alternativa de litigios de consumo

En el supuesto en que se ejerciten acciones individuales cuyo objeto esté comprendido en el auto de homologación el artículo 872 regula tres situaciones. Comenzáramos explicando esta situación es en orden inverso a que se exponen en este artículo, ya que nos parece preferible para exponer y mejor su contenido.

a) Primero estudiaremos el supuesto en el que se ejercita acciones resarcitorias individuales cuyo objeto esté comprendido en el auto de homologación del acuerdo resarcitorio, una vez que ha transcurrido el plazo del apartado primero del artículo 869. Recordemos que este plazo no será inferior a dos meses ni superior a 6, y se otorga a los consumidores para que manifiesten su voluntad de desvincularse del acuerdo al que se ha llegado, o en su caso, expresar su voluntad de vincularse en los supuestos excepcionales que ya hemos comentado y prevé el apartado primero párrafo segundo del mencionado artículo 869. Transcurrido el mencionado plazo, la previsión del artículo 872.4, es la de prohibir que se ejerciten acciones individuales cuyo objeto este comprendido en el auto homologado. El tribunal tendrá que inadmitir a trámite las demandas que contravengan esta prohibición las sobreseerá de oficio o a instancia de parte. También prohíbe que se tramiten reclamaciones cuyo objeto este comprendido en el auto de homologación, y que tendrían que sustanciarse a través de un procedimiento de resolución alternativa de litigios de consumo que hayan de concluir por medio de resolución vinculante para el empresario.

En la prohibición anterior no estarían incluidos las acciones individuales interpuestas por consumidores que manifestaron su voluntad de desvincularse del acuerdo resarcitorio dentro del plazo del artículo 869 al que nos hemos referido. Tampoco estarían incluidos los consumidores que tengan su residencia fuera de España y no manifestaron a su voluntad de quedar vinculados al acuerdo resarcitorio. La mencionada prohibición no será aplicable en el supuesto en que el tribunal acordó que el acuerdo solo afectaría a aquellos consumidores que de forma expresa manifestarán su voluntad de vincularse. Los consumidores que no manifestaran esta voluntad expresa no estarán afectados por esta prohibición.

b) El segundo supuesto viene regulado en el apartado tercero del artículo 872. Así, si se ejercita una acción individual resarcitoria cuyo objeto esté comprendido en el auto homologado durante el plazo que regula el apartado primero del artículo 869, equivaldrá a la manifestación de no verse vinculado por el acuerdo que ha sido homologado. No obstante, el tribunal de oficio o a instancia de parte, informará al demandante de la existencia del acuerdo y le ofrecerá la posibilidad de adherirse al mismo, para lo que se le dará un plazo de 10 días. Mientras decide, el tribunal ordenará la suspensión del proceso. Si el demandante rechaza vincularse al acuerdo, el tribunal alzará la suspensión y mandará que el proceso siga su curso. En los mismos términos se procederá si dentro del plazo del mencionado artículo 869.1, se inicia un procedimiento de resolución alternativa de litigios de consumo que haya que concluir por medio de resolución vinculante para el empresario.

c) El último supuesto al que nos vamos a referir está previsto en los apartados primero y segundo del artículo 872. Así, cuando se ejercite una acción resarcitoria individual cuyo objeto esté comprendido en el auto que homologue el acuerdo resarcitorio, el tribunal que esté conociendo esta acción pondrá en conocimiento del consumidor o consumidores demandantes dicho auto. El tribunal les requerirá para que en un plazo de 10 días manifiesten su voluntad de adherirse al acuerdo y, mientras tanto, ordenará la suspensión del proceso. Sí los consumidores demandantes expresan su voluntad de adherirse al acuerdo el tribunal sobreseerá el proceso. En caso contrario, si los consumidores rechazan adherirse al acuerdo o no contestan al requerimiento, el tribunal alzará la suspensión y mandará que el proceso siga su curso. Esta decisión se comunicará al tribunal donde se tramita la acción colectiva a efectos de completar la relación de consumidores al que establecidas en el artículo 857.

En los mismos términos tendrá que proceder la entidad de resolución alternativa de litigios de consumo ante la que un consumidor haya formulado una reclamación cuyo objeto esté comprendido en el auto que homologa del acuerdo.

En el supuesto del apartado primero del artículo 872, nos asalta la duda sobre a qué se está refiriendo. Así, tengamos en cuenta los casos que hemos comentado y que regula el artículo 872. Primero, si la acción resarcitoria individual se ejercita cuando se ha dictado un auto de homologación y ya ha transcurrido el plazo del artículo 869 para que las partes muestren su voluntad de desvinculación, el apartado cuarto del artículo 872, lo que propone es inadmitir la demanda. Si la acción resarcitoria individual se interpone dentro del plazo al que se refiere el artículo 869.1, habrá que entender que los consumidores manifiestan su voluntad de no adherirse al acuerdo, por el mero hecho de plantear la demanda o en su caso la reclamación. No obstante, es verdad que la ley prevé el preguntarles si se adhieren o no. Por tanto, en el apartado primero del artículo 872 ¿a qué se puede referir? Podemos entender que se está refiriendo al supuesto en que la acción individual de resarcimiento la ejerciten consumidores que no tienen su residencia habitual en España y no manifestaron expresamente su voluntad de adherirse al acuerdo. También se podría incluir a aquellos consumidores que en el supuesto del artículo 869.1 en el que se prevé que el tribunal pueda ordenar que el acuerdo solo afecte a aquellos consumidores que manifiesten su deseo de adherirse a él, y no lo hicieron en su momento. En estos casos estos consumidores no estarían afectados por el acuerdo, pero el Proyecto de Ley quiere que, si interponen una demanda individual resarcitoria, se les ofrezca la posibilidad de, aún sin estar vinculados a ella, puedan en última instancia, adherirse al acuerdo.

2.3.9. Cumplimiento y ejecución de condenas al pago de dinero cuando los beneficiarios están determinados

Una vez que sea firme la sentencia que condena al pago de cantidades de dinero en favor de consumidores cuando estén identificados, el condenado deberá proceder a su cumplimiento en el plazo que determine aquella. Cuando el condenado haya realizado todos los pagos lo pondrá en conocimiento del tribunal que conoció en primera instancia. No obstante, si por el número de beneficiarios el plazo de cumplimiento fuera superior a 6 meses, el condenado tendrá que informar al tribunal con la periodicidad que se haya previsto en la sentencia.

En el caso de que al demandado no le haya sido posible efectuar el pago a alguno, o a varios de los beneficiarios por razones a él no imputables, podrá este consignar lo debido en la cuenta de consignaciones y depósitos del juzgado. Transcurrido el plazo de caducidad de la acción ejecutiva, que son cinco años según el art. 518 de la LEC, sin que estas cantidades hayan sido reclamadas, éstas serán devueltas al demandado. El Letrado de la Administración de Justicia dictará decreto dando por cumplida la sentencia cuando se haya acreditado por el demandado el pago completo de lo debido o, y si no fuera posible, haber hecho las consignaciones debidas.

2.3.10. La ejecución forzosa por incumplimiento del condenado

El beneficiario de la sentencia que no recibiera todo o parte, del pago de la cantidad de dinero dentro del plazo señalado en la sentencia, tendrá que ponerlo en conocimiento del tribunal que conoció en primera instancia. El Proyecto de Ley prevé que el beneficiario podrá solicitar el despacho de ejecución sin que sea preciso valerse de procurador y abogado. Recibida la petición, el tribunal despachará la ejecución y en lo sucesivo procederá de oficio. Es una novedad a tener en cuenta que una vez despachada ejecución el juez vaya a actuar de oficio. Recordemos que en el proceso civil rige el principio de justicia rogada.

2.3.11. Cumplimiento y ejecución de condenas al pago de cantidades de dinero cuándo no todos los beneficiarios están identificados

Una vez que sea firme una sentencia que condena al pago de una cantidad de dinero a favor de consumidores que no hayan sido identificados, el demandado, dentro del plazo estableció en la sentencia, tendrá que ingresar la cantidad a la que se le hubiera condenado en la cuenta de consignaciones y depósitos del juzgado.

Transcurrido el plazo fijado en la sentencia para que se haya producido el pago, se despachará la ejecución de oficio, a instancia de la entidad habilitada, del Ministerio fiscal, o de cualquier de los beneficiarios.

Cuando se ponga a disposición del tribunal la cantidad a la que se condenó al demandado, habrá que nombrar a un liquidador que se encargará de distribuir el dinero entre los beneficiarios. Según el artículo 877 el nombramiento de liquidador tendrá que recaer en un profesional experto en la materia con una trayectoria mínima de 10 años en el ejercicio de su profesión. Será elegido por acuerdo de las partes o, en su defecto, por el colegio profesional correspondiente al lugar donde se encuentre la sede del tribunal. El liquidador tendrá que justificar que tiene seguro de responsabilidad civil. En lo relativo al liquidador se aplicarán de forma supletoria las normas previstas en la legislación concursal.

En el mismo auto en el que se designe al liquidador se le pondrá en posesión de la cantidad que ha de ser repartida y se señalará un plazo para que se lleve a cabo la distribución del dinero. Para que pueda cumplir con su misión se le facilitará el acceso a la plataforma y se le entregará la relación de consumidores a la que se refiere el artículo 857. Al repartir el dinero deberá tener en cuenta las cantidades que corresponden al tercero financiador. En el supuesto en el que el liquidador al ejercer su cargo detecte que las cantidades a la que se condenó al demandado y fueron entregadas por este, son insuficientes podrá solicitar el incremento de estas cantidades teniendo que especificar el importe al que debe ascender la cantidad final de la condena. De este incremento se dará traslado a la parte demandada y a la entidad demandante, y se citará a las partes a una comparecencia que se celebrará de acuerdo con las normas del artículo 443. El tribunal resolverá mediante auto que será recurrible en apelación.

Merece la pena detenernos en este modelo de ejecución en el que se condena al demandado a una cantidad alzada que después tendrá que repartir un liquidador. Parece razonable que cuando no tenemos identificados a los beneficiarios se pueda hacer una estimación de la cantidad necesaria para indemnizar y exigirla al demandado para poder tener una base económica para empezar a pagar. Así, el liquidador pagará directamente a aquellos que estén identificados en la sentencia, pero aquellos que no lo estén tendrán que ir acreditando que tiene un derecho a esta indemnización según vayan apareciendo.

Este modelo que parece razonable facilita el pago a los consumidores beneficiarios, ha sido muy criticado desde sectores empresariales. La crítica[35] se centra en que la empresa condenada, sin tener claro cuántos consumidores reclamarán el pago efectivo de su indemnización, le toca entregar la suma total a la que le han condenado. Esto supone una detracción de recursos de la empresa sin tener claro la cantidad de dinero que será reclamada por los beneficiarios. A este respecto se aduce que en aquellos sistemas como el americano, los consumidores que reclaman la indemnización suelen ser un número muy bajo, en torno al 4,9%. Es verdad que, una vez aprobadas las cuentas del liquidador, el artículo 881.1 prevé que el tribunal ordenará que se entregue el remanente al condenado. Si en esta fase aparecen más consumidores beneficiados, tendrá que solicitar directamente a la empresa condenada el pago de la indemnización. Los consumidores podrán reclamar su indemnización, aunque se haya producido la rendición de cuentas del liquidar, en tanto no caduque la acción ejecutiva.

Cabría preguntarse cuándo caduca la acción ejecutiva en el supuesto de acciones colectivas resarcitorias. La norma general viene prevista en el artículo 518 de la LEC, que dispone que, para la ejecución de sentencias, la acción *"caducará si no se interpone la correspondiente demanda ejecutiva dentro de los cinco años siguientes a la firmeza de la sentencia o resolución"*. Por tanto, el plazo de caducidad de la acción ejecutiva, como regla general, comenzaría a partir de la firmeza de la sentencia y finalizaría en el momento en el que se solicite el despacho de ejecución, siempre qué éste se despache. La regla general es que una vez despachada la ejecución, esta puede de estar abierta hasta que se satisfaga totalmente al ejecutante. Tras el despacho de ejecución no estará, la ejecución, sometida a plazo de caducidad de la acción ejecutiva. Además, si la ejecución quedara paralizada no se incurriría, tampoco, en caducidad de la instancia[36].

---

35 CAMPOS GORRIÑO, José María, el Proyecto de Ley Orgánica para la defensa de los intereses de los consumidores. Análisis y riesgos del modelo (opt-in/opt-out) y la ejecución de sentencia desde la perspectiva de la empresa, *Revista del Instituto de Estudios Económicos*, septiembre/2024, pág. 52.

36 La caducidad de la instancia se regula en el artículo 239 de la LEC, que dispone:
"Las disposiciones de los artículos que preceden no serán aplicables en las actuaciones para la ejecución forzosa.
Estas actuaciones se podrán proseguir hasta obtener el cumplimiento de lo juzgado, aunque hayan quedado sin curso durante los plazos señalados en este Título".
ARMENTA DEU, Teresa, *Lecciones de..., Op., Cit.*, pág. 265. Esta autora indica que el fundamento de la no aplicación de la caducidad de la instancia en la ejecución es: *"No impedir la actuación sobre los bienes presentes y futuros del deudor".*

Dicho esto, tendríamos que transpolar esa doctrina a la ejecución de sentencias dictadas en procesos en el que se ejercitan acciones colectivas resarcitorias.

El comienzo del cómputo del plazo de caducidad sería el mismo que hemos comentado, a partir de la firmeza de la sentencia. Desde ese momento se contarán 5 años. ¿Cuándo se podría suspender o terminar de contar este tiempo? Según el artículo 518 será hasta qué se interponga la demanda ejecutiva. Tenemos que distinguir dos supuestos: la ejecución de condenas al pago de cantidades de dinero donde los beneficiarios estén identificados; en segundo lugar, el supuesto en el que los beneficiarios no estén identificados.

Cuando los beneficiarios estén identificados como regula el artículo 874, transcurrido el plazo que se da en la sentencia para el cumplimiento voluntario del condenado, los beneficiarios que no hubieren obtenido el pago de las cantidades que les corresponden tendrán que dirigirse al tribunal que conoció en primera instancia, y solicitar que se proceda a la ejecución. Esta solicitud se realizará de forma sencilla sin necesidad de abogado y procurador, y una vez despachada la ejecución, ésta seguirá de oficio. En este caso esta solicitud de ejecución del beneficiario es lo que va a paralizar el computó del plazo de la caducidad de la acción ejecutiva.

Diferente será el supuesto en el que los beneficiarios no estén identificados. En este caso, tras finalizar el plazo dado por el tribunal para que el condenado cumpla voluntariamente y entregue la cantidad alzada a la que se le ha condenado, se procederá al despacho de ejecución de oficio, a instancia de la entidad demandante, del Ministerio Fiscal o de cualquiera de los beneficiarios. En este momento se iniciará la ejecución dirigirá a extraer del patrimonio del condenado la cantidad a la que se le ha condenado. Una vez que se haya conseguido esta cantidad se nombrará al liquidador para que este reparta el dinero.

Si los beneficiarios no están identificados cada uno de ellos tendrá que solicitar que se le reconozca como tal ante el liquidador y en su defecto ante el tribunal. En lo que se refiere a cada beneficiario individualmente considerado, el plazo de caducidad no se suspende por la solicitud de despacho de ejecución que han podido hacer el tribunal de oficio, la entidad habilitada o el Ministerio fiscal. En lo que se refiere al derecho de cada beneficiario que no esté identificado, el plazo de caducidad sólo se suspenderá cuando materialmente solicite al liquidador el pago de la cantidad que le corresponde. Terminada la labor del liquidador y tras su rendición de cuentas tendrá que pedir la cantidad que le corresponde al condenado y si se niega al tribunal. Esa es la razón por la que los beneficiarios podrán estar reclamando la cantidad que les corresponde a un después de cerrada la rendición de cuentas del liquidador, hasta que se cumplen los 5 años del plazo de caducidad contado desde la firmeza de la sentencia.

2.3.12. Ejecución a una prestación resarcitoria no dineraria

Cuando se condene en un proceso colectivo resarcitorio a una prestación que no sea la de entregar dinero, en la sentencia se dará un plazo al condenado para que cumpla. Si no cumple en ese plazo el beneficiario de la sentencia solicitará al tribunal que conoció en primera instancia, la ejecución de la prestación a que cree tener derecho. Esta solicitud podrá hacerse de forma sencilla a través de impresos o formularios y no será necesario ir con abogado y procurador. Recibida la petición el tribunal despachará la ejecución y procederá de oficio en lo sucesivo. El tribunal podrá imponer las multas coercitivas del apartado 6 del artículo 860.

Conclusiones

Como puntos fundamentales a tener en cuenta podemos destacar que, aunque la Directiva se centra en la infracción de normas de Derecho de consuno, el Proyecto de Ley tiene un ámbito más amplio incluyendo todos los actos que infrinjan derecho e intereses de los consumidores. En estas infracciones podemos incluir actos que puedan vulnera normas de Derecho de la competencia que puedan afectar a consumidores o usuarios. Así pues, los perjuicios que se pueden producir a consumidores y usuarios por la actuación de un cártel, sí estarían incluidos en el Proyecto de Ley.

En lo referente a las acciones colectivas, la futura regulación va a sustituir a la actual, entendemos que, mejorándola, pero modificando sustancialmente la regulación actual. Así la regulación de a la tutela colectiva de los consumidores se centrará en el proceso especial que se introduce. Así se derogan las normas que están en la parte general de la LEC como los artículos 11 y 15 art. 6.1.7º. Ya no se prevé la capacidad para ser parte del grupo de consumidores si actúa la mayoría de estos. Desaparece la terminología anterior referida a intereses difusos y sólo se habla de interés colectivo o de acciones colectivas distinguiendo entre consumidores perfectamente determinados y consumidores no determinados.

En lo referente al modelo de desvinculación o vinculación (opt out y opt in), la Directiva no se decanta por ninguno y deja a los Estados miembros que opten por el que mejor se asemeje a su sistema y tradición jurídica. En el Proyecto de Ley se acoge un sistema mixto, pero dando preferencia al modelo opt out. No obstante, parece interesante la solución que da el Proyecto de permitir al tribunal que en función de las circunstancias y si la cantidad que correspondería a cada beneficiario excede de 3000 euros, pueda ordenar que el sistema que se utilice sea el de vinculación necesaria (opt in), para poder ser afectado por la sentencia que se dicte en el proceso sobre acciones colectivas resarcitorias.

Otra cuestión novedosa que introduce el Proyecto es que el propio tribunal despache la ejecución de oficio, o si se pide por la entidad habilitada demandante, el Ministerio Fiscal, o cualquier beneficiario, se podrá continuar la ejecución de oficio. La finalidad que se espera con esta mediad es facilitar la ejecución y que los consumidores no corran con los gastos del reconocimiento de su derecho. Así, sólo se prevé que con una mera solicitud sin abogado ni procurador pueda reclamar la cantidad que le corresponde.

Por último, en cuanto a la regulación del tercero financiador, se mantiene la posición que prevé la Directiva que mira al financiador con desconfianza. Así en el Proyecto se introducen todas las medidas que prevé la Directiva para controlar la posición del financiador en relación con los intereses de los consumidores.

Bibliografía

ARIZA COLMENAREJO, M.ª Jesús, La opción por el procedimiento con pronunciamientos sucesivos de las futuras acciones colectivas (1), *Actualidad Civil*, nº 2, febrero de 2025, Editorial LA LEY.

ARMENTA DEU, Teresa, La tutela colectiva en la Administración de Justicia (análisis comparado y perspectivas de futuro en Europa), *La administración de Justicia en España y en América*, libro amicorun a José Martín Ostos, edit. ASTIGI, Sevilla 2021.

ARMENTA DEU, Teresa y PEREIRA PUIGVERT, Silvia (coords.), Marcial Pons, Madrid, 2019.

ARMENTA DEU, Teresa, *Lecciones de Derecho Procesal Civil*, Marcial Pons, Madrid, 2024.

CAMPOS GORRIÑO, José María, el Proyecto de Ley Orgánica para la defensa de los intereses de los consumidores. Análisis y riesgos del modelo (opt-in/opt-out) y la ejecución de sentencia desde la perspectiva de la empresa, *Revista del Instituto de Estudios Económicos*, septiembre/2024.

CASTILLEJOS MANZANARES, Raquel, El procedimiento de mediación en acciones colectivas, *En acciones colectivas (cuestiones actuales y perspectivas de futuro)*, ARMENTA DEU, Teresa y PEREIRA PUIGVERT, Silvia (coords.), Marcial Pons, Madrid, 2019.

CORTÉS DOMÍNGUEZ, Valentín con MORENO CATENA, Víctor, *Derecho Procesal Civil. Parte General*, Tirant lo Blanch, Valencia, 2024.

FERRERES COMELLA, Alejandro, Las acciones de clase ("class actions") en la Ley de Enjuiciamiento Civil, *Actualidad Jurídica Uría y Menéndez*, Nº 11-2005.

GARNICA MARTÍN, Jan Francisco, FERRERES CONELLA, Alejandro, DÍEZ-PICAZO GIMÉNEZ, Ignacio y AGUILERA MORALES, Marien, Algunas ideas sobre la transposición de la directiva 2020/1828 relativa a las acciones de representación para la protección de los intereses colectivos de los consumidores, *Diario La Ley*, nº 9938, Sección Doctrina, 22 de octubre de 2021, Wolters Kluwer.

GASCÓN INCAHUSTI, Fernando, ¿HACIA UN MODELO EUROPEO DE TUTELA COLECTIVA? *Cuadernos de Derecho Transnacional*, (octubre 2020), Vol. 12, Nº 2.

GUTIÉRREZ DE CABIEDES E HIDALGO DE CABIEDES, Pablo, *La Tutela Jurisdiccional de los Intereses Supraindividuales Colectivos y Difusos*, Aranzadi, Elcano, 1999.

GUTIÉRREZ DE CABIEDES, Pablo, Acciones colectivas: pretensiones y legitimación, en *Acciones colectivas (cuestiones actuales y perspectivas de futuro)*, (coords.) ARMENTA DEU, Teresa y PEREIRA PUIGVERT, Silvia, Marcial Pons, Madrid, 2018.

LÓPEZ JIMÉNEZ, José María, La protección de los consumidores y las acciones de representación: una primera aproximación a la Directiva (UE) 2020/1828, *Diario La Ley*, Nº 9834, Abril de 2021, Editorial Wolters Kluwer.

LÓPEZ SÁNCHEZ, Javier, *El sistema de las class actions en los Estados Unidos de América*, Comares, Granada, 2011.

MARTÍNEZ DEL TORO, Susana, Líneas generales del sistema de acciones colectivas planteado por la Directiva europea sobre acciones de representación, *Práctica de Tribunales*, nº 150, Mayo de 2021, Wolters Kluwer.

SANCHEZ RIVERA, Pedro, La financiación de las acciones colectivas y la Thrid Party Funding. Especial referencia a la experiencia en Australia y Estados Unidos, en *Acciones colectivas (cuestiones actuales y perspectivas de futuro)*, (coords.) ARMENTA DEU, Teresa y PEREIRA PUIGVERT, Silvia, Marcial Pons, Madrid, 2018.

SANCHEZ RIVERA, Pedro, Obtención de fuentes de prueba en procesos de reclamación de daños por infracción de derecho de la competencia, en *Novedades y retos en la lucha contra los cárteles económicos*, (directores), BENEYTO PÉREZ, José María y MAILLO GONZÁLEZ-ORÚS, Jerónimo, Aranzadi, Cizur Menor, 2019.

SANDE MAYO, María Jesús, La configuración de los procesos colectivos sobre un modelo mixto de opt in y opt out, en *Acciones colectivas (cuestiones actuales y perspectivas de futuro)*, (coords.) ARMENTA DEU, Teresa y PEREIRA PUIGVERT, Silvia, Marcial Pons, Madrid, 2018.

Números Publicados

Serie Unión Europea y Relaciones Internacionales

Serie Política de la Competencia y Regulación